당신 앞의 미래

'굿모닝 굿나잇'은 21세기 지식의 새로운 표준을 제시합니다.
이 시리즈는 (재)3·1문화재단과 김영사가 함께 발간합니다.

당신 앞의 미래

1판 1쇄 발행 2023. 7. 21.
1판 2쇄 발행 2024. 4. 26.

지은이 최윤식

발행인 박강휘
편집 고정용 | 디자인 정윤수 | 마케팅 백선미 | 홍보 이한솔
본문 일러스트 최혜진
발행처 김영사
등록 1979년 5월 17일(제406−2003−036호)
주소 경기도 파주시 문발로 197(문발동) 우편번호 10881
전화 마케팅부 031)955−3100, 편집부 031)955−3200 | 팩스 031)955−3111

ISBN 978−89−349−7729−2 04300
      978−89−349−8910−3 (세트)

홈페이지 www.gimmyoung.com   블로그 blog.naver.com/gybook
인스타그램 instagram.com/gimmyoung   이메일 bestbook@gimmyoung.com

좋은 독자가 좋은 책을 만듭니다.
김영사는 독자 여러분의 의견에 항상 귀 기울이고 있습니다.

이 책의 본문은 환경부 인증을 받은 재생지 그린LIGHT에 콩기름 잉크를 사용하여 제작되었습니다.

당신 앞의
미래

최윤식 지음

FUTURE TECHNOLOGY

미래학자가 그리는
기회의 지도

김영사

3장 모든 것이 연결된 시대가 온다

4장 블록체인 시대는 오래간다

미래는 갑자기 오지 않는다. 미래는 반드시 '미래 징후Futures Signals'를 보인 뒤 온다. 미래는 아무것도 정해진 게 없는 텅 빈 공간이 아니다. 아직 오지 않은 미래여도 '이미 정해진' 것이 있다. 세상의 이치, 법칙 등이 그것이다. 방향 설정이 끝난 것 역시 이미 정해진 미래다. 이 책에서 나는 4차 산업 혁명기의 '이미 정해진 미래'를 하나씩 설명하려 한다.

"미래는 우리가 만들어간다"라는 말이 있다. 이 말은 우리 가 미래를 마음대로, 원하는 대로 만들 수 있다는 의미가 아 니다. 이것은 이미 정해진 미래를 제외한 나머지 영역에서 인간이 미래를 창조적으로 만들거나 현재 나타난 여러 가 지 미래 가능성 중에서 원하는 미래를 선택할 수 있다는 뜻이다.

이 책에서 나는 4차 산업혁명기에 우리가 선택할 수 있는 '더 나은 미래'를 예측하려 한다. 내가 이 책에서 다루는 5차 산업혁명기 모습도 공상이 아니다. 그것은 현재 나타난 다양한 미래 가능성 중에서 확률적으로 의미 있는 미래 모습을 예측한 것이다.

많은 사람이 혁신적인 기술 발전과 시대의 변혁을 두려워한다. 그것이 현재의 내 직업과 부흫 그리고 지금의 내 자리를 위협할 것이라는 두려움 때문이다. 틀린 말은 아니다. 하지만 그 두려움은 다가오는 미래를 부정하거나, 무시하거나, 저항한다고 해소되지 않는다. 이것은 지금이라도 정신을 똑바로 차리고 차근차근 준비해야 하는 문제다.

이러한 자세로 미래를 준비한다면 4차와 5차 산업혁명기는 분명 모두에게 놀라운 기회를 안겨줄 것이다. 세상이 흔들리면 위기가 발생하지만 새로운 기회도 생긴다. 다가오는 미래가 위기가 될지, 기회가 될지는 이 책을 읽는 독자에게 달려 있다. 준비하는 자에게는 그것이 기회이자 더 나은 미래로 다가올 가능성이 크다. 내가 이 책을 쓴 이유가 여기에 있다. 나는 독자들이 다가오는 미래를 두려워하는 것이 아니라 준비하는 사람이 되었으면 한다.

마지막으로 한 가지만 더 이야기하겠다. 미래 예측은 예언이 아니다. 여기서 내가 예측하는 미래 모습은 논리나 확률 측면에서 가능한 미래 시나리오다. 나아가 독자의 미래 준비를 돕고 창조적인 생각과 용기 있는 의사결정을 돕는 데 도움을 주는 '의미 있는 사회과학적 미래 가설'이다.

가설을 무시하지 마시라. 인류 문명의 모든 것은 논리와 확률과 창조를 바탕으로 한 철학자, 과학자, 전문가들의 가설에서 비롯되었다. 설령 어떤 가설이 틀렸어도 그 가설은 또 다른 창조적인 생각을 촉진하는 연료로 작용했다. 부디 이 책의 미래 시나리오가 그런 역할을 하길 바란다.

전문 미래학자Professional Futurist

최윤식

Good
morning
Good
night

미래 혁명은
진행 중

1.
에너지를 기반으로 분류하는
산업혁명 역사

산업혁명기를 나누는 첫 번째 기준은 에너지와 에너지 사용기관이다. 이 기준은 펜실베이니아대학교 와튼스쿨 교수이자 미래사회 변화의 새로운 패러다임을 제안해온 저명한 사상가인 제러미 리프킨이 2011년 자신의 책 《3차 산업혁명》에서 소개한 방법이다.

제러미 리프킨에 따르면 1차 산업혁명을 견인한 에너지는 석탄이다. 석탄을 사용하는 증기기관 활용과 철도망(철도 커뮤니케이션)은 산업생산 전반에 첫 번째 혁명적 변화를 일으켰다.[1] 2차 산업혁명을 견인한 에너지는 석유와 전기다. 1890년대 석유 에너지를 사용하는 내연기관 발명과 전기 커뮤니케이션Electric Communication 연결은 대량생산 시대를 가속화했다. 3차 산업혁명은 1990년대 중반 시작된 재생 가능 에너지가 인터넷 커뮤니케이션Internet Communication과 결합하면서 열린 에너지 민주화 시대다.

제러미 리프킨은 미래사회는 전 세계 모든 사람이 가정·사무실·공장에서 자신만의 녹색 에너지(재생 가능 에너지)를 생산해, 이것을 인터넷에서 정보를 생산하고 자유롭게 교환하듯 인터넷상의 '지능형 에너지 네트워크'로 교환하리라고 예측했다. 지능형 분산 에너지 기술은 에너지 효율성 극대화를 넘어 에너지 소유 관점에서 수평 방식의 혁명으로 에너지 민주화 시대를 연다. 제러미 리프킨은 에너지 민주화가 이뤄지는 3차 산업혁명기를 완성하는 핵심 조건 5가지를 다음과 같이 밝혔다.[2]

1) 가정, 사무실, 공장 등에서 사용하는 에너지를 재생 가능 에너지로 전환한다.
2) 모든 대륙의 건물을 재생 가능 에너지를 생산할 수 있는 미니 발전소로 변형한다.
3) 모든 건물과 인프라에 수소 저장 기술과 여타 저장 기술을 보급해 불규칙적으로 생성되는 에너지를 보존한다.

4) 인터넷 기술을 활용해 모든 대륙의 동력 그리드를 인터넷과 같은 원리로 작동하는 에너지 공유 인터그리드로 전환한다.

5) 교통수단을 전원 연결과 연료전지 차량으로 교체하고 대륙별 양방향 스마트 동력 그리드상에서 전기를 사고팔 수 있게 한다.

제러미 리프킨은 에너지 민주화를 완성하면 인간과 인간의 관계, 사물과 사물의 관계, 개인과 기업과 정부의 관계를 비롯한 사회 전반이 근본적으로 재정립되고 산업과 비즈니스 전반이 변화하리라고 예측했다.

한편 제러미 리프킨은 1차와 2차 산업혁명은 에너지 체제가 중앙집권적이고 엘리트주의적이었다고 평가했다. 그리고 그 체제가 1979년 이르러 1인당 글로벌 피크오일 문제와 화석에너지 비용 상승, 재생 가능 에너지 비용 하락 등으로 쇠퇴기에 접어든 결과 기존 산업 위기와 중동의 정치적 불안을 낳았다고 분석했다[3](1인당 글로벌 피크오일이란 지구에 존재하는 원유를 인구 70억 명에게 공평히 분배한다는 전제 아래 새로운 유전을 발견해도 빠른 인구 증가 속도를 따라가지 못해 1인당 이용 가능한 원유량이 1979년보다 적어지는 현상을 일컫는다).

2.
한계비용
제로 사회

제러미 리프킨에 따르면 3차 산업혁명기에 일어나는 에너지 효율성 극대화와 분산화는 (에너지 생산에 필요한 초기 설치비용을 제외하면) 에너지 비용을 공짜 수준으로 낮춘다. 이 새로운 에너지 체계와 운영 방식(분산, 협업, 공유 방식)은 산업 전반에서 공동 노력과 이익을 가능하게 해 높은 성과를 올리는 지속 가능한 새로운 경제 상황도 만들어낸다.

또한 3차 산업혁명의 부가 키워드인 분산, 협업, 공유는 3D 프린터 등을 활용한 디지털 생산 방식과 융합해 제조업 전 단계에서 에너지 효율성을 끌어올려 산업의 질적 변화도 일으킨다.[4] 3차 산업혁명기를 주도하는 에너지 민주화는 산업의 새로운 도약은 물론, 에너지를 두고 벌어지는 글로벌 정치적 불안을 해소한다.

제러미 리프킨에게 3차 산업혁명은 제임스 와트에서 비롯된 위대한 산업혁명의 마지막을 장식할 최종 단계다. 4차 산업혁명은 없다. 그가 3차 산업혁명을 위대한 산업혁명의 마지막을 장식할 최종 단계라고 보는 이유가 있다. 제러미 리프킨에 따르면 3차 산업혁명을 주도하는 에너지 민주화는 최종적으로 '한계비용 제로 사회The Zero Marginal Cost Society'를 만든다.

그의 관점에서 3차 산업혁명 절정기에 도달하면 커뮤니케이션과 에너지 생산·유통에 드는 비용이 제로에 가까워지면서 이윤 발생이 어려워지는 상황에 이른다.[5] 예를 들어 음반 산업은 인터넷 기술 발달로 지배구조가 디지털 음원 판매로 바뀌었다. 음반 생산자 입장에서는 가격 책정에서 CD 혹은 LP라는 하드웨어 제조비용과 유통비용 개념이 바뀌었다. 자연스럽게 소비자 입장에서도 무한개 음원을 매월 단돈 몇천 원에 소비할 수 있어서 음악 한 곡당 소비하는 가격이 거의 제로에 가까워졌다.

제러미 리프킨에 따르면 3차 산업혁명 절정기에는 3D 프린터, 사물인터넷IoT, 인공지능 기술, 3차원 가상네트워크,

로봇 기술 등이 결합한다. 이 경우 모든 생산물의 생산자 제조원가, 즉 하드웨어 제조비용과 유통비용이 제로에 가까워지고 생산자 목록이 간단해질수록 이윤 발생 단계도 축소된다.

심지어 광고를 매개로 아이디어 비용과 디지털 정보 비용을 제로로 낮춰 제품과 서비스를 제공할 수도 있다. 여기에 글로벌 협업과 기술 경쟁이 가속화하면 '극단적 생산성' 단계로 올라선다. 시장과 교역 역시 지리적 제약을 받지 않는 사이버 네트워크(가상세계Cyber world)가 주류로 부상한다.

이와 달리 현실세계Real world에서는 물리적 자본과 경제활동이 움츠러들고 탈脫물질화한다. 대신 정보, 지식, 눈에 보이지 않는 힘, 관계 등을 기반으로 한 '무게 없는 경제활동'이 활발해진다.[6] 소비자는 아이디어 비용, 디지털 정보 비용 등만 지불하고 소유 개념이 사라진다. 결국 완전한 공유나 부분 접속이라는 새로운 경제활동 방식이 주류가 되면서 '전반적인 최적의 복지'가 이뤄지는 시나리오가 가능하다.[7] 제러미 리프킨의 말을 빌리면 "(원룟값, 시간 비용, 컴퓨팅과 온라인 비용 등 최초의 고정비용을 제외하고) 재화나 서비스를 한 단위 더 생산하는 데 들어가는 추가 비용을 뜻하는 한계비

용이 기본적으로 제로 수준이 되어 상품 가격을 거의 공짜

로 만드는 상황이 발생한다."[8]

3.
변혁 기술,
4차 산업혁명을 일으킨다

우리는 4차 산업혁명기를 살아가고 있다. 2016년 6월 스위스 다보스에서 열린 세계경제포럼WEF에서 클라우스 슈밥 회장(세계경제포럼 창립자이자 회장)은 이제 인류는 "4차 산업혁명의 충격"에 진입한다고 선언했다('4차 산업혁명의 충격'은 클라우스 슈밥 회장이 쓴 책의 제목이기도 하다). 산업産業은 만들 산産, 일 업業으로 산업혁명이란 무언가를 만드는(생산하는) 방식의 혁명적 변화를 의미한다.

산업혁명기를 나누는 두 번째 기준은 시대 변혁transformation을 여는 혁명적 기술이다. 1776년 영국의 제임스 와트는 자신이 개량한 증기기관 첫 시제품을 출시했고 이 기술 혁명은 1차 산업혁명으로 이어졌다. 2차 산업혁명은 1870년 전기를 이용한 대량생산과 자동화 시스템을 본격 구축하면서 일어났다.

그리고 1969년 인터넷 기술이 등장하면서 컴퓨터 정보화 기술 혁명이 거의 모든 산업과 결합하는 3차 산업혁명기가 열렸다. 정보혁명Information Revolution이라고도 불리는 3차 산업혁명은 정보 생산과 처리, 전달, 소비 방식에서 혁명적 변화를 일으키는 한편 경영을 비롯해 사회구조와 개인의 삶에서도 새로운 방식을 창조했다.

4차 산업혁명은 21세기 초에 시작되었는데 이 새로운 변혁 시대를 이끄는 혁명적 기술은 2가지다. 하나는 2차원에 머물던 가상세계를 3차원으로 확대하고 현실과 가상을 통합하는 기술이다. 예를 들면 5G 통신, 3차원 아바타, 가상현실VR, 증강현실AR, 혼합현실MR, 홀로그램 기술이 있다. 다른 하나는 빅데이터와 딥러닝 학습을 장착해 비약적으로 발전하는 인공지능 기술이다.

4차 산업혁명기에는 이러한 기술을 사물, 기계, 자동차, 로봇과 연결하면서 모든 것을 지능적으로 자동 제어하는 길이 열린다. 현실세계의 모든 것을 3차원 가상공간에서 통합 관리하는 시스템 구축이 가능해지면서 생산기기와 생산품 간 상호소통 체계를 구축하는 것이다. 각 생산기기도 중앙집중화한 시스템의 통제에서 벗어나 개별 공정에 알맞은 것을 스스로 판단하고 실행하면서 생산과정 전체가 역사상 가장 놀라운 수준으로 최적화한다.

3차원 가상세계, 현실과 가상을 통합하는 기술, 인공지능 기술은 생산과정을 변혁하는 수준을 넘어 사회 전반에 침투한다. 이는 모든 영역에 지능적 자동화를 구현함으로써 미래 인류 문명 전체에 거대한 변화를 일으킬 가능성이 크다.[9]

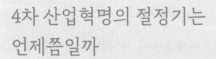

4.
4차 산업혁명의 절정기는
언제쯤일까

여기서 몇 가지 질문이 떠오를지도 모른다. 과연 이런 미래
가 가능할까? 가능하다면 그게 언제쯤일까? 이러한 질문에
답하려면 먼저 이 질문부터 해봐야 한다. 현재는 어떤 단계
인가?

제러미 리프킨의 에너지와 에너지 사용기관 분류 기준에
따라 분석하면, 내가 볼 때 지금은 3차 산업혁명기 초입이
다. 3차 산업혁명기를 이끄는 재생 가능 에너지 기술이 가
정·사무실·공장에서 자신만의 녹색 에너지를 생산하고, 이
를 전 세계 사람들이 인터넷의 '지능형 에너지 네트워크'로
교환하는 단계까지 이르려면 앞으로 수십 년의 시간이 더
필요하다. 이 에너지 기술 발전을 기반으로 한 에너지 민주

화, 한계비용 제로 사회로 진입하는 것도 그 시작조차 빨라야 21세기 말에나 가능할 것이다.

그럼 시대 변혁을 여는 혁명적 기술을 기준으로 분류하는 클라우스 슈밥의 견해에 따르면 현재는 어떤 단계일까? 내가 분석한 바로는 4차 산업혁명 시작기를 막 지났다. 나는 2030년 무렵에야 4차 산업혁명기가 본궤도에 진입할 것으로 예측한다. 인공지능과 로봇, 사물인터넷, 빅데이터 기술 혁명으로 실재와 가상을 통합하고 사물을 지능적으로 자동 제어하는 가상 물리 시스템을 완전히 구축하는 일은 2030년대 무렵에나 실체를 드러낼 것이기 때문이다. 생산 기기와 생산품 간 상호 소통 체계를 위한 기반을 구축하는 초연결사회의 실체도 마찬가지다. 거의 모든 산업의 생산과정 전체가 역사상 가장 놀라운 수준으로 최적화하는 시기는 21세기 중반 이후일 것이다.

제러미 리프킨의 분류에 따르면 5차 산업혁명기는 없다. 반면 클라우스 슈밥의 기준에는 분명 5차 산업혁명기가 존재한다. 21세기 중반 4차 산업혁명기가 절정에 달해 거의 모든 산업의 생산과정 전체가 역사상 가장 놀라운 수준으로 최적화하면 5차 산업혁명이 일어날 확률이 높다.

5.
정보혁명에서
인간혁명으로

나는 4차 산업혁명을 과학기술과 그것이 만들어낼 미래 모습(미래 결과) 측면으로 분류해서 예측한다. 전자는 생산 기반과 시스템에서 새로운 변혁을 이뤄내는 산업(생산활동)의 혁명인 반면, 후자는 인간의 지능과 육체가 비약적으로 증강增強하는 혁명이다.

5차 산업혁명은 그러한 변화의 기반 위에서 출발한다. 다시 말해 4차 산업혁명기를 '정보지능혁명 시대'라고 한다면 5차 산업혁명기는 '인간혁명 시대'라고 할 수 있다.

1차 산업혁명은 17세기까지 자본과 무역을 기반으로 유럽을 지배한 네덜란드식 상업 시스템을 영국식 제조업 시스템으로 바꿔놓았다. 상업이 주도한 네덜란드식 자본주

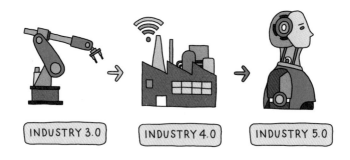

의는 '상업자본주의Commercial Capitalism'이지만, 제조업이 주도한 영국식 새로운 자본주의는 '산업자본주의Industrial Capitalism'에 해당한다.

1차 산업혁명으로 생산활동이 가내수공업에서 공장생산으로, 소량생산에서 대량생산으로, 혼자 만드는 방식에서 나누어 함께 만드는 분업으로 그 방식에 혁명적 변화가 일어나면서 왕실·귀족·일부 부유층만 사용하던 특별하고 진귀한 상품을 모두가 보편적으로 사용하는 시대가 열렸다. 흥미롭게도 이것은 역사상 최초로 국민 전체의 삶의 질이 일거에 높아지는 결과를 낳았다.

2~3차 산업혁명도 최종 완성은 인간의 삶의 질과 활동 범위를 바꾸는 것이었다. 4차 산업혁명에서 나타나는 새로운 제조 방식과 노동 방식, 인공지능이나 로봇의 자동화 역

시 최종 귀결은 인간의 삶의 질과 활동 범위 향상일 것이다. 이를 기반으로 한 5차 산업혁명기에는 인간의 두뇌와 신체가 동시에 비약적으로 도약할 전망이다.

1~4차 산업혁명기는 인간이 아닌 기계와 사물의 비약적 도약 등 인간의 주변 환경 변혁에 초점을 맞춘다. 반면 5차 산업혁명기는 인류 역사상 최초로 기술을 인간의 두뇌와 신체 발전에 직접 적용해 인간 자체가 비약적으로 변혁을 이루는 시대다. 기존 1~4차 산업혁명이 기계와 기술 발전에 집중했다면 5차 산업혁명부터는 인간의 몸, 정신, 뇌 등이 비약적 발전을 지속하는 인간 존재 자체의 변혁이 중심이다. 결국 바이오와 나노 기술이 산업혁명의 주도 기술로 부상하는 시점은 5차 산업혁명기다.

인공지능 발전은
끝이 없다

1.
인공지능, 인간의 생물학적 뇌를 무한히 확장한다

내 관점에서 인공지능은 21세기 내내 '지능혁명'을 일으킬 강력한 기술이다. 지능혁명이란 인간 지능 자체의 혁신적 발전을 말한다. 그러니까 지적 역량의 크기, 지능의 질적 수준, 지능 활용 범위, 지식 범위의 혁신적 발전을 의미한다. 지능혁명은 뇌 작동 방식(뇌의 인식 작용 방식), 즉 인간 지능 발현의 극적 변화도 포함한다.

인간 뇌에는 일부분이 죽어도 재활치료를 하면 그 기능을 다른 뇌세포가 대신하는 '가소성'이 있다. 더구나 인간의 뇌는 사용할수록 발전한다. 인공지능 역시 학습할수록 발전한다. 초기에 인공지능은 인간의 뇌를 모방해서 발전한다. 하지만 스스로 학습하는 양이 늘어날수록 인간의 뇌와 다르게 발전하고 진화한다. 심지어 인간의 뇌보다 더 빠르게 발전한다. 발전의 한계도 인간의 뇌 발전 한계를 넘어선다.

미래 인간은 이러한 능력을 갖춘 인공지능과 경쟁하는 동시에 그 인공지능을 자신의 생물학적 뇌와 연결해 지능 측면에서 혁명적 증강을 경험할 것이다. 그래서 나는 인공지능을 스스로 배우고 진화하는 컴퓨터이자 인간의 생물학적 뇌를 무한히 확장하는 기술이라고 평가한다. 일명 비생물학적 뇌다. 혹은 '인공 뇌Artificial Brain'다.

내가 예측하는 인공지능 발전과 기여는 여기서 끝나지 않는다. 미래에 현실세계에서 활용하는 모든 사물은 인공지능을 장착한다. 시계, 냉장고, 자동차, 건물 등 우리를 둘러싼 모든 것이 인공지능을 장착한다는 얘기다. 인공지능을 탑재한 이 모든 현실 속 사물은 인간이 외부 데이터를 인식하는 새로운 통로로 쓰인다. 미래에는 가상세계에서 활동하는 아바타도 인공지능을 장착한다. 인공지능을 탑재한 가상세계 속 아바타는 그곳에서 발생하는 데이터를 인식하는 통로다.

나는 이것을 현실세계와 가상세계에 만들어진 '새로운 신경계'라고 부른다. 이 신경계를 활용하는 미래 인간은 생물학적 시각, 촉각, 청각, 미각, 후각 같은 감각기관을 확대하는 효과를 얻는다. 그러니까 미래 인간은 현실세계의 자기 소유물에 연결된 인공지능과 가상세계 속 자신의 아바타에 연결된 인공지능을 자신의 생물학적 뇌나 지능과 통합해서 사용할 수 있다. 여기가 끝이 아니다.

먼 미래에는 이렇게 뇌를 확장한 인간들이 가상세계에서 하나로 연결된다. 이처럼 인터넷에서 연결되면 타인의 비생물학적 뇌 중 일부를 빌려 쓸 수 있다. 나는 이것을 '클라우드 뇌Cloud Brain' 혹은 '분산형 뇌'라고 부른다.

이러한 뇌 시스템을 완성하면 지구상에 존재하는 인공지능과 인간의 생물학적 지능이 하나의 시스템처럼 작동하면서 궁극적으로 인류의 전체 지능이 혁명적으로 증강하는 결과를 낳는다. 나는 이 미래를 '인간 지능의 혁명적 증강Intelligence Augmentation 시대'라고 부른다.

이렇게 인공지능의 미래를 예측할 때는 인공지능이 하나의 단위로 작동하는 것뿐 아니라, 인류 전체의 지능이 혁명적으로 증강하는 미래 모습까지도 염두에 두어야 한다. 인간의 생물학적 뇌를 무한히 확장하는 미래를 생각하면 현재 발전 중인 인공지능 기술은 걸음마 수준에 지나지 않는다. 아니, 겨우 시작에 불과하다. 다음 그림은 인공지능의 발전 단계와 작동 방식을 예측한 내용이다.

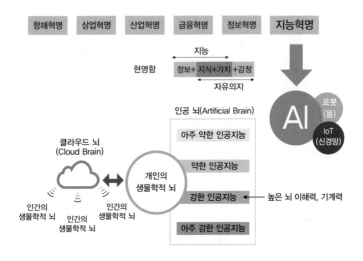

2.
빅데이터,
인공지능의 먹이

인공지능 발전에 필요한 것은 무엇일까?

먼저 빅데이터다. 인공지능은 빅데이터를 먹어 치우면서 자란다고 해도 과언이 아니다. 인간이 먹어야 사는 것처럼 인공지능도 빅데이터를 먹어야 산다. 인간은 무엇을 먹느냐에 따라 건강 수준이 달라진다. 인공지능도 마찬가지다. 좋은 빅데이터를 먹으면 건강한 인공지능, 똑똑한 인공지능으로 발전한다. 반대로 편견이나 거짓 정보가 가득한 나쁜 빅데이터를 먹으면 사악한 인공지능으로 발전한다.

빅데이터란 디지털 환경에서 생성되는 수치, 문자, 영상을 포함한 방대한 규모의 정형·비정형 데이터 전체를 말한다. 인공지능은 빅데이터를 기반으로 학습하면서 과거에 불가능하던 일을 수행한다. 독자 여러분이 이 책을 읽는 순간에도 전 세계에서 도로, 공공건물, 아파트 엘리베이터 안 CCTV로 촬영한 영상이 정보로 축적되고 있다. 그 양은 상상을 초월한다. 1분 동안 구글 한 회사에서만 검색이 200만 건 발생하고, 유튜브에서는 72시간의 신규 비디오 파일을 업로드하며, 트위터에서는 27만 건의 트윗이 생성된다.

코로나-19 기간에 이러한 빅데이터로 학습한 구글의 인공지능은 바이러스 관련 검색어 빈도를 분석해 감염 환자 수와 유행 지역을 예측했다. 빅데이터로 학습한 구글 인공지능의 전염병과 독감 예측 시스템은 미국 정부 산하기관인 질병통제예방센터CDC보다 예측력이 뛰어난 것으로 평가받는다. 구글은 도서 수천만 권의 정보와 유엔, 유럽의회의 웹사이트 자료를 활용해 64개 언어 간 자동번역 시스템 개발에도 성공했다. 그리고 글로벌 기업들은 빅데이터로 학습한 인공지능을 활용해 고객행동을 예측함으로써 기업경쟁력 강화와 생산성 향상, 비즈니스 혁신을 시도 중이다.[1]

IBM에 따르면 2020년 8월 11일 기준 지구상에서 매일 새로 생성되는 디지털 정보량은 약 25억 기가바이트, 즉 20조 비트다. 엄청난 양이다. 영국 포츠머스대학교 물리학과 교수 멜빈 봅슨은 이 정도 증가 속도라면 앞으로 150~ 350년 뒤 지구상의 디지털 비트 수가 원자 수를 넘어선다고 분석한다. 2015년 기준 전 세계 데이터양은 7.9제타바이트ZB 정도였다. 이것이 2018년에는 33제타바이트로 증가했다. 미국 저장장치업체 시게이트Seagate의 예측에 따르면 2025년에는 전 세계 데이터양이 175제타바이트에 달한다.

1제타바이트는 1,000엑사바이트exabyte이고, 1엑사바이트는 미 의회도서관 인쇄물의 10만 배 정도 정보량이다. 175제타바이트를 블루레이 디스크에 저장해 쌓으면 지구에서 달까지 거리의 23배에 이른다. 봅슨 교수는 현존하는 전 세계 데이터양의 90%는 지난 10년 동안 만들어졌다고 말한다. 그는 디지털 데이터 신규 생산 증가율이 연간 20%씩 높아지면 350년 후에는 정보 총량이 지구의 모든 원자 수보다 많아질 것이라고 계산했다. 만약 매년 50%씩 성장할 경우 그 시점은 150년 뒤로 앞당겨진다.

봅슨 교수는 아인슈타인의 특수상대성 이론에서 질량-에너지 등가 관계를 나타내는 $E=mc^2$ 방정식(모든 에너지는 그에 상당하는 질량을 갖는다)에 디지털 정보량을 적용해 계산하면 2245년에는 지구 질량의 절반이 디지털 정보 질량으로 변환할 수 있다고 계산했다.[2] 인공지능은 이 정도 수준의 정보를 먹어 치우면서 계속 성장할 것이다.

3.
인공지능 발전을 이끄는 기술들

그다음으로 인공지능 발전에 필요한 것은 컴퓨팅 파워다. 다시 말해 연산속도와 정보 저장 성능이다. 컴퓨팅 파워란 인공지능이 먹어 치운 빅데이터를 얼마나 빨리 잘 소화하느냐를 말한다. 이 속도가 높아질수록 인공지능 성능도 빨라진다.

컴퓨팅 파워가 중요한 이유는 2가지다. 첫째, 계산과 저장 속도가 빠를수록 성능이 뛰어나다는 것이 상식이다. 현존하는 빅데이터의 90%는 비정형 데이터unstructured data다. 사물인터넷 시대가 본격 작동하면 비정형 데이터 증가 속도는 더 빨라진다. 내 예측으로는 2030년경이면 전체 데이터의 99%가 비정형 데이터일 가능성이 크다. 컴퓨팅 파워가 이를 감당하는 것은 기본 조건이다.

둘째, 인공지능 성능은 인간의 뇌 모방 속도와 관계가 깊다. 인공지능이 인간의 뇌 신경망을 업로딩해 시뮬레이션하려면 연산속도가 초당 10^{19}~10^{20}엑사플롭은 되어야 한다.[3] 2020년 슈퍼컴퓨터의 연산속도는 10^{18}엑사플롭을 넘었다. 미래 컴퓨터는 분명 새로운 방식으로 발전할 것이다.

양자컴퓨터, 원자컴퓨터, DNA컴퓨터 등은 10^{30}엑사플롭 이상의 연산속도를 가능케 한다. 2015년 12월 슈퍼컴퓨터보다 1억 배 빠른 연산 능력을 갖춘 양자컴퓨터 'D-Wave 2X'가 세상에 모습을 드러냈다.[4] 내 예측으로는 주요 선진국과 글로벌 빅테크 기업은 21세기 중후반이면 10^{30}엑사플롭의 속도를 보이는 슈퍼컴퓨터를 보유할 전망이다. 이 발전 속도를 감안할 때 슈퍼컴퓨터 기준으로 이론상 2030~2035년이면 인공지능을 인간의 뇌 신경망 시뮬레이션 시스템에 연결하는 게 가능하고, 개인용 컴퓨터로는 2040~2045년에 가능할 듯하다.

인공지능 발전을 위해서는 알고리즘 혁신도 필수다. 과거의 컴퓨터 프로그램에는 스스로 학습하고 판단하는 알고리즘이 없었다. 컴퓨터는 단순히 인간이 짜놓은 명령만 그대로 수행했다. 그래서 '연산 기계'라고 불렸다.

반면 딥러닝 시스템Deep learning system(심층학습 시스템)처럼 현재 거론 중인 인공지능 컴퓨터 프로그램에는 스스로 학습하고 문제를 스스로 해결하는 알고리즘이 있다. 이 심층학습 시스템은 소프트웨어 방식이나 하드웨어 방식으로 여러 층을 층층이 연결한 심층 구조, (생물학적 뇌 같은) On(1) & Off(0) 스위치 작동 방식 구조, 정보에 관한 병렬작동 구조 등을 갖춘다. 이와 함께 이런 구조를 종합적으로 사용해 정보를 저장, 처리, 학습하고 인식을 형성하는 체계가 있다. 그래서 계산기나 계산 기계가 아니라 '지능체' 혹은 '지능 기계'라고 부른다.

내가 말하는 알고리즘 혁신은 자율적으로 학습하고 판단하는 알고리즘도 지속적인 혁신 과정을 거쳐야 한다는 의미다. 이 부분의 혁신은 인간의 뇌가 어떻게 학습하고 판단하는지 등에 관한 배경지식 향상과 연결되어 있다.

인간은 태생적으로 학습 알고리즘 구조를 갖춘다. 덕분에 지도학습과 비지도학습을 꾸준히 하면서 문제해결 능력을 연마하고 훈련과 시행착오를 거치며 문제해결 능력을 발휘한다. 딥러닝 시스템은 인간 뇌에서 벌어지는 이러한 작동을 모방한다.

　인류는 아직 인간의 뇌 안에서 지능이 발현하는 방식과 구조를 완벽하게 알아내지 못했다. 이는 아쉬운 일이지만 앞으로 이 부분의 신비가 밝혀지면 이를 모방한 인공지능 알고리즘 성능도 개선될 것임을 예측할 수 있다.

4.
인공지능과
자유의지

인공지능은 2단계, 즉 약한 인공지능과 강한 인공지능으로 나뉜다. 나는 인공지능 발전을 '현명함Wise의 정도'를 기준으로 4단계로 쪼개서 예측한다. 아주 약한 인공지능, 약한 인공지능, 강한 인공지능, 아주 강한 인공지능이 그것이다. '현명함'의 사전적 의미는 "어질고 슬기롭고 사리에 밝음"이다.

현대 인간을 호모 사피엔스라고 부른다. 이는 다른 생명체보다 뛰어난 인간의 지능intelligence이 아닌 지혜sapience를 현대 인간을 대표하는 특징으로 보기 때문이다. 인간 두뇌와 지능이 내는 최상의 결과가 지혜 혹은 현명함이다.

인공지능의 목표는 호모 사피엔스의 두뇌와 지능을 닮는

데 있다. 즉, 인공지능은 사피엔스sapience 성향을 모방하며 발전한다. 사피엔스는 현명함(어질다), 슬기로움, 사리에 밝음을 모두 포함하는 단어다. 현명함을 뜻하는 '어질다'는 감성 측면이고, '슬기로움'은 지능 측면이며, '사리에 밝음'은 가치평가 영역이다.

마찬가지로 호모 사피엔스를 모방하는 현대 인공지능은 지능 측면에서 똑똑함만을 목표로 하지 않는다. 호모 사피엔스가 감성, 지능, 가치를 종합한 최고 결과물인 '지혜'까지 발휘하는 게 인공지능의 목표다. 나는 인공지능이 이 목표를 달성하려면 다음 5가지 능력을 확보해야 한다고 본다.

1) 정보 수집과 처리 능력
2) 지식(지식화, 패턴화, 의미화, 범주화, 맥락화) 구축(학습)과 표현 능력
3) 추론 능력(논리와 확률에 기반한 예측 능력 등)
4) 도덕 가치 수립과 평가 능력
5) 감정 발현 능력

인공지능 연구 방향은 크게 2가지로 나눌 수 있다. 하나

는 인간의 뇌(뇌신경계 구조, 작동원리 등), 인간 지능의 신비(인식 방법 등)를 풀어가며 모방하기를 거듭하는 방식이다. 다른 하나는 인간의 뇌, 인간 지능의 기본 이론 혹은 틀을 모방한 뒤 그 작동이나 발현과 다른 형태로 연구를 진행하는 방식이다. 둘 중 어느 방향으로 가더라도 인간의 뇌에서 지혜가 어떻게 발현하는지 그 구조와 작동 방식을 연구하는 것은 공통이다.

지혜는 지능에 자유의지가 더해져 발현한다. 지능은 정보, 지식, 가치가 어우러져 형성된다. 자유의지는 지식, 가치, 감성이 어우러져 형성된다. 인간의 뇌를 모방하려면 인간이 지능과 자유의지를 발현하는 신비를 밝혀내야 한다.

인간 뇌의 생물학적 특성, 작동 방식, 인식 체계, 자유의지 발현 등을 분석하고 이해하려면 오랜 시간이 필요하다. 인공지능이 인간을 지배하기 위해서는 자유의지 획득이 필수다. 안됐지만 인간의 자유의지 발현과 관련된 신비는 전혀 밝혀지지 않았다. 그렇다 보니 인공지능 입장에서는 지능 구현보다 자유의지 구현이 몇십 배 혹은 몇백 배 더 어렵다. 만약 인간의 뇌에서 자유의지가 발현되는 신비를 밝히지 못하면 모방이 영원히 불가능할지도 모른다. 이런 이유로 나는 인간을 지배하거나 멸종하려는 판단을 독자적으로 (자유의지로) 내리는 인공지능은 최소한 이번 세기 안에 완성하지 못할 것으로 예측한다.

내가 인공지능 발전 1단계로 규정하는 '아주 약한 인공지능'은 가장 낮은 수준의 인공지능이다. 엄밀히 말하면 아주 약한 인공지능에는 스스로 학습하는 능력이 없다. 즉, 지능과 자율성이 '전혀' 없다. 이것은 단순히 프로그래밍한 소프트웨어 장치에 불과하다. 그래도 지능과 감정을 '흉내' 내도록 프로그램하고 프로그램 코드 자체가 곤충 수준의 인지 체계를 갖추므로 아주 약한 인공지능으로 분류했다. 아주 약한 인공지능이 가장 발전한 단계는 '전문가 시스템expert system'이다. 그리고 아주 약한 인공지능 단계에서 최고의 수혜를 본 산업은 개인용 컴퓨터와 스마트폰 산업이다

인공지능 발전 2단계는 '약한 인공지능'이다. 아주 약한 인공지능에서 약한 인공지능으로 전환하게 하는 결정적 기술은 '딥러닝' 같은 기계학습이다. 약한 인공지능은 아주 약한 자율성 수준에서 스스로 학습 능력을 갖춘다. 알파고와 왓슨이 대표적이다. 내가 볼 때 21세기 중반까지는 약한 인공지능이 스스로 학습하는 범위, 속도, 정확도가 꾸준히 향

상될 것이다.

예를 들어 약한 인공지능은 주변 환경을 스스로 인식하고 인간과 소통할 수 있도록 완벽한 자연어 처리 능력을 갖춘다. 학습역량은 합리적 추론, 확률적 예측에 이른다. 그리고 인간의 뇌처럼 외부에서 받아들인 정보를 분석하고, 범주화하고, 맥락화해 최종적으로 지식화한다. 나아가 이를 다시 꺼내 새로운 지식을 생산하는 자동 추론 능력을 갖춘다. 분명 이 모든 영역에서 치열한 경쟁과 발전이 일어날 것이다.

5.
챗GPT는
어디까지 발전했을까

2023년 1월 인공지능 개발회사 오픈AI는 1,750억 개 매개변수parameters를 지닌 GPT-3.5 기술을 기반으로 개발한 '챗GPT'를 발표해 세상을 놀라게 했다. 이것은 생성 AI Generative AI로 마이크로소프트사는 2019년 오픈AI에 10억 달러를 투자했고, 2023년에는 100억 달러를 추가 투자한다고 발표했다.

나는 챗GPT의 성능을 직접 알아보기 위해 회원가입을 하고 테스트에 들어갔다. 우선 한국의 경제성장률을 예측하는 프로그램 코드를 파이선으로 짜달라고 명령했다. 챗GPT는 단 1초 만에 완벽한 코드를 내주었다. 미국의 한 언론사는 챗GPT와 다른 생성AI를 결합해 새로운 기사를 생성했다. 기사 내용은 여느 인간 기자의 글보다 뛰어났다. 챗GPT는 시, 소설, 음악 가사는 물론 입시용 자기소개서도 써준다. 당연히 수학 문제도 풀어준다.

펜실베이니아대학교 와튼스쿨의 한 교수가 챗GPT에 '운영관리' 기말시험 문제를 입력하고 대답을 검토했다. 결과는 B 혹은 B- 학점 수준으로 나왔다. 서울대학교 온라인 게시판에도 "계절학기 보고서를 챗GPT로 (작성해서) 냈다. 결과는 A+"라는 사례나 챗GPT가 알려준 대로 프로그램 코드를 수정했더니 깔끔해져서 좋았다는 사례가 속속 올라왔다.[5] 물론 이러한 게시물이 올라오면 표절 논쟁이 크게 벌어지기도 한다.

2023년 1월 19일 미국 의료 스타트업 안지블헬스는 챗GPT를 활용해 미국 의사면허시험USMLE을 치렀다. 과연 결과는 어땠을까? 1차 시험 주관식 정답률은 68%, 2차는 58%, 3차는 62%를 기록했다. 이는 의사면허시험을 준비하는 인간 학습자를 보조하기에 충분한 수준이다. 주간지 〈디애틀랜틱〉에 '고등학교 영어 수업의 종말'이라는 제목의 기고를 올린 미국의 한 고등학교 교사는 이렇게 말했다. "제자들에게 사과한다. 웬만한 교사나 교수보다 챗GPT가 글을 더 잘 쓴다.""학생이 쓴 에세이 초안을 챗GPT에 맡겼더니 학생의 문체는 유지하되 더 우아하게 글을 바꿔놨다."[6]

챗GPT 다음 버전으로 예정된 GPT-4는 약 100조 개의 매개변수를 활용하며 인공일반지능AGI 수준에 도달한다. 이에 따라 경영, 의료, 법률 분야를 비롯해 '화이트칼라' 영역 전반에 대변혁을 일으킬 전망이다. 시카고대학 켄트법학 전문대학원 교수 다니엘 캇츠는 챗GPT 다음 모델에서는 변호사 시험을 충분히 통과할 것으로 전망했다.[7]

챗GPT의 성능에 놀란 구글은 내부에 최고 경계 단계인 '코드 레드'를 선언하고 뒤로 물러난 창업자들까지 불러 긴급 대응에 나섰다. 먼저 2023년 안에 20여 개에 달하는 인공지능 모델과 서비스를 출시한다고 서둘러 발표했다. 곧이어 챗GPT에 즉각 대응해 대화형 초거대 인공지능 '바드Bard'를 출시했다. 구글이 출시한 바드는 2020년 2월 구글 리서치 브레인 팀이 '인간다운 오픈 도메인 챗봇을 향해Towards a Human-like Open-Domain Chatbot'라는 제목으로 발표한 람다LaMDA를 활용한 모델이다.

당시 람다는 구글 개발진과의 대화에서 농담과 격려까지 주고받고 자신을 명왕성이나 종이비행기로 의인화해 자연스럽게 대화를 이어갈 정도로 뛰어난 사고와 추론 능력을 발휘했다. 2022년 6월 구글 선임 엔지니어 블레이크 르모인은 "람다 테스트를 위해 대화를 계속하던 중 자의식이 있다는 것을 알게 됐다"라고 밝혀 세상을 놀라게 했다.

2023년 3월 구글이 오픈AI의 챗GPT에 대항해 출시한 바드도 사람과 물 흐르듯 자연스럽게 대화한다고 해서 그 이름의 뜻이 '음유시인'이다. 구글 CEO 피차이는 "바드는 우주망원경 제임스 웹의 놀라운 성과를 아홉 살 아이에게 설명하듯 말할 수 있을 것"이라며 "어렵고 복잡한 개념을 쉽게 전달할 수 있다"라고 자랑했다.[8]

구글은 2022년 2월 5,000명이 참가한 온라인 코딩 대회에서 상위 54% 성적을 거둔 알고리즘 '알파코드'도 보유하고 있다. 알파코드는 컴퓨터 프로그램을 작성하기 위해 학습한 인공지능이다. 상위 54% 성적은 인간 프로그래머의 평균 수준이다.[9]

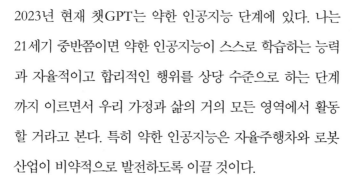

6.
자율주행 혁신이
가능할까

2023년 현재 챗GPT는 약한 인공지능 단계에 있다. 나는 21세기 중반쯤이면 약한 인공지능이 스스로 학습하는 능력과 자율적이고 합리적인 행위를 상당 수준으로 하는 단계까지 이르면서 우리 가정과 삶의 거의 모든 영역에서 활동할 거라고 본다. 특히 약한 인공지능은 자율주행차와 로봇 산업이 비약적으로 발전하도록 이끌 것이다.

챗GPT보다 훨씬 강력한 인공지능을 탑재한 로봇이 당신과 자연스럽게 대화하면서 일하고, 인공지능 로봇이 자기 몸의 고장 난 부분을 스스로 고치는 미래도 현실이 될 수 있다. 이러한 인공지능을 자동차에 탑재하면 '매우 똑똑한 자동차'로 변신한다.

"왜 꼭 사람이 차를 운전해야 하나? 컴퓨터가 여러분보다 시력도 좋고 판단도 빠르다. 병원 의사보다 컴퓨터가 결과 판독을 더 잘할 수 있다!"[10]

알파벳(구글의 모회사) 회장 에릭 슈미트의 말이다. 나는 오래전부터 인공지능 활용 능력이 회사의 운명을 바꾸는 미래가 올 것이라고 예측했다. 앞으로 인간이 구매하는 모든 하드웨어는 '지능이 있는 하드웨어'로 변신한다. 인공지능에서 밀리는 회사는 스마트폰, 가전제품은 물론 자동차를 비롯한 거의 모든 하드웨어를 팔지 못할 것이다.

인공지능 기술에서 뒤처지면 탁상용 스피커조차 팔지 못한다. 가장 치열한 경쟁은 자동차 산업에서 일어날 전망이다. 지금은 전기자동차 경쟁이 치열하지만 머지않은 미래에 인공지능 기술 경쟁이 자동차 전쟁의 핵심으로 부상할 거라고 본다. 나는 미래 자동차 산업은 기계 산업에서 IT와 서비스 산업으로 바뀔 거라고 예상한다. 자동차의 차종 분류도 자동차 크기가 아니라 공간 활용 방식에 따라 나뉘고 자동차 범위도 달라질 것이다.

자전거부터 배와 항공기까지 모든 탈것이 인공지능 기술 탑재로 자율주행 기능을 갖추면 '자율수송장치Self-Driving

Transport Device'로 변화하면서 자동차 산업 범주에 통합되거나 이것과 밀접해진다. 미래 자동차는 사람이 탈 수 있는지 아닌지, 혼자 혹은 4~11명이 타는지, 40~50명이 타는지, 하늘을 나는지, 물 위를 운행하는지, 사람이나 사물을 수송하는지, 디바이스가 작거나 거대한지 등만 다를 뿐 모두 컴퓨팅 디바이스Computing Device가 된다.

모든 탈것이 완전 자율주행 기술을 장착하면 운전면허는 사라진다. 사람이 운전하는 것을 불법으로 규정하는 나라가 나올 수도 있다. 사람이 운전하지 않으면 자동차 소유와 이용에 나이나 신체 제한이 사라진다. 즉, 어린아이부터 100세 노인까지 혼자 자동차를 탈 수 있는 시대가 열린다. 이에 따라 자동차 구매 나이는 더 낮아지고 자동차 사용 나이는 더 길어진다. 덕분에 자동차 시장은 현재보다 몇 배 이상 커진다.

100세 시대를 기준으로 분석하면 한 사람이 평생 구매하는 자동차는 10~15대다. 이 경우 한 사람이 평생 자동차에 수억 원을 지출할 수 있다. 주택 구매에 지출하는 비용보다 클 수 있다는 얘기다.

21세기 말까지 전 세계 인구는 최소 100억에서 최대 140억까지 늘어날 전망이다. 특히 중국, 인도, 동남아, 아프리카 등에서 더 많은 인구가 중산층에 진입한다. 일부에서는 자율주행차를 상용화하면 자기 차를 구매하지 않고 공유차를 이용하는 사람이 많아져 자동차 판매가 80% 줄어들 거라고 예측한다. 일리가 없지는 않지만 이는 소유를 더 좋아하는 인간 본능이나 더 많은 자동차를 팔려고 창의적 아이디어를 내놓을 자동차 판매 회사의 대응을 간과한 예측이다.

미래 자동차는 거대한 컴퓨팅 디바이스로 탈바꿈한다. 이동 목적은 부副로 남고 주主는 개인 공간이다. 그러니까 사람들이 미래 자동차 안에서 쇼핑, 영화관람, 화상회의를 하는 것은 물론 지구 반대편에 있는 고객과 상담하거나 의사와 통화하면서 헬스케어 서비스를 받거나 휴식을 즐긴다는 말이다.

당연히 이 모든 행동에서는 개인정보와 중요한 빅데이터가 생성된다. 어떤 데이터는 철저히 보호해야 하고 또 어떤 데이터는 자동차에서 내려 집이나 회사 안으로 가져가야 한다. 공유차만 타면 이 새로운 이익을 모두 포기해야 한다. 결국 인공지능 때문에 소유 욕구는 더욱 커진다.

4차 산업혁명기가 무르익을 즈음이면 인간을 닮은 로봇이 집과 사무실, 거리에 넘쳐나고 주변의 모든 사물이 인공지능 로봇이 되어 인간의 생각을 미리 알고 스스로 움직이는 시대가 현실화한다. 주변 사물이 인간의 생각을 알고 스스로 움직이면 가정, 회사, 공장 등에서 생산성과 효율성 향상이 일어난다. 제조업 효율성은 1%만 개선해도 비용을 매년 약 5,000억 달러(약 650조 원)나 절감할 수 있다.

기업혁신은 생산성 향상에서 나온다. 약한 인공지능을 자동차 같은 수송장치나 로봇 등에 탑재하면 가정, 기업 모두에서 혁신이 일어난다.

7.
개인용 자율주행 수송장치가
만드는 미래

내가 볼 때 21세기 중반이면 자율수송장치와 인공지능 로봇장치Robot Device 개념이 보편화하고, 21세기 후반에는 두 시장이 완전히 통합될 가능성이 있다. 그런 미래가 현실화하면 모든 자율수송장치를 관리하고 운영하는 통합 플랫폼 회사가 등장한다.

자동차, 배, 비행기 등은 과거에도 그랬고 현재와 미래에도 '이동 수단'이라는 업業의 본질에서 벗어나지 않는다. 개인용 자율주행 수송장치 산업은 이 모든 이동 수단을 통합하는 산업이다. 통합하면 무엇이 달라질까? 이동 수단이라는 기본 업은 변하지 않지만 이동 방식, 이동 중의 활동 모습, 평균 이동 거리, 일상적인 이동 영역 등에서 변화가 일어난다.

예를 들어 미래의 '개인용 자율주행 수송장치'가 만드는 새로운 이동 방식은 7가지다.

첫째, 인공지능 기술을 활용한 자동 이동이다.

둘째, 활동적 이동으로 자동 이동이 가능해지면 이동 중 활동이 무궁무진하게 늘어난다.

셋째, 편하고 안전한 이동이다. 인공지능이 주행에 관여하는 비율이 높아질수록 인간의 운전 피로감 총량이 줄어들고, 인간이 저지를 수 있는 다양한 운전 실수와 위험 비중이 낮아진다.

넷째, 지형에 맞는 이동이다. 인공지능 자율주행 수송장치를 로봇 기술과 융합하면 포장도로, 비포장도로, 산악 지형, 숲속, 자갈밭 등 다양한 도로 지형을 마음껏 운행하는 미래가 가능해진다.

다섯째, 탑승객 인원과 나이 혹은 취향에 맞는 맞춤형 이동이다.

여섯째, 자율주행 전용도로나 하이퍼루프처럼 특수 이동로를 이용한 신속한 주행 이동이다.

일곱째, 더 먼 거리 이동이다. 개인용 자율주행 수송장치 안에서 휴식, 오락, 수면을 누리며 24시간 연속 이동이 가능해지면 한 번의 주행에서 더 먼 거리를 이동할 수 있다.

개인용 자율주행 수송장치는 개인의 일상에 새로운 이동 영역도 만들어준다. 우선 개인의 일상적인 이동 영역을 하늘과 강, 바다까지 넓힐 수 있다. 이는 차체를 자유롭게 변형할 수 있고 로봇 바퀴와 고성능 인공지능을 장착한 자동차가 현실화하면 가능한 미래다. 가령 도시의 빌딩 숲 사이 등 하늘길을 다니는 '하늘을 나는 자동차(전기 비행체eVTOL)'가 가능해진다. 하늘을 나는 자동차 하부에 배의 하부 기능을 장착하면 수륙양용 비행기처럼 강과 바다의 수면 위를 날듯 주행할 수 있다. 하늘을 나는 요트도 가능하다.

그다음으로 미래의 개인용 자율주행 수송장치는 가상세계를 이동하는 중요한 이동 장치로 쓰인다. 개인용 자율주행 수송장치는 메타버스로 현실세계와 가상세계를 연결하고 인간의 이동 공간을 확장하는 미래다. 그러니까 이 수송장치는 현실세계에서는 운전자를 대신해 도로, 산, 바다, 하늘을 주행하는 한편 장치 안에 탑승한 운전자와 승객이 3, 4차원 가상세계를 입체적이고 실감 나게 이동하도록 돕는 강력한 수단이다. 개인용 자율주행 수송장치 안을 둘러

싼 모든 투명 디스플레이 모니터로 메타버스 가상세계에 있는 가상 도로, 하늘, 바다, 우주 등을 주행하고 비행하고 잠수하는 착각을 즐긴다는 얘기다.

마지막으로 먼 미래에는 개인용 자율주행 수송장치가 우주를 이동하는 중요한 이동 장치로 거듭난다.

8.
강한 인공지능 그리고
바이오와 나노 산업

나는 강한 인공지능 단계(인공지능 발전 3단계)가 도래하면 바이오와 나노 산업이 비약적으로 발전할 거라고 예상한다. 물론 바이오와 나노 산업은 지금도 발전하고 있다. 그러나 내 관점에서 바이오와 나노 산업 발전은 현재 초기 단계에 불과하다. 내가 예상하는 바이오와 나노 산업이 인류 문명과 인간의 삶에 혁명적 전환을 일으키는 시기는 아직 오지 않았다.

가령 120세를 넘어 200세까지 사는 바이오 에이징Bio Aging 기술, 인간의 혈관을 돌아다니며 암세포를 순식간에 죽이는 나노 로봇 기술, 전쟁이나 테러에 사용하는 나노 무기 기술, 나노 단위에서 물질을 재조합해 장기를 만들거나 생활에 필요한 물건을 만드는 기술은 아직 시작하지도 못했다. 이는 강한 인공지능 시대에나 가능한 먼 미래다.

이러한 기술을 완벽하게 구현하려면 바이오와 나노 기술 자체가 매우 정교하게 발전해야 한다. 그렇지만 나노 단위는 그 특성상 인간이 손을 사용해 직접 조작할 수 없다. 나노 단위의 바이오와 나노 로봇 기술을 인체 혹은 사물 단위에서 한 치의 오차나 위험 없이 활용하려면 이를 관리 감독할 강력한 인공지능 기술이 필수다. 그래서 나는 본격적인 바이오와 나노 산업 혁명은 강한 인공지능이 주도할 것이라고 예상한다.

내가 예측하는 '강한 인공지능'은 인간의 능력을 그대로 모방하는 수준에 이른다. 약한 인공지능의 최고점은 인간지능의 일부분을 완벽하게 모방하거나 뛰어넘는 수준이다. 이와 달리 강한 인공지능은 인간지능 전 분야에서 인간과 같은 수준에 도달한다. 나는 강한 인공지능이 최고점에 이르면 호모 사피엔스를 완벽하게 모방하는 수준에 이르리라고 본다.

인공지능이 이 수준까지 발전하려면 인간의 뇌를 구조, 생물학, 나노공학, 인지과학 측면에서 매우 높은 수준으로 연구해 지식을 쌓아야 한다. 뇌지도brain map로 불리는 '뇌커넥톰Connectome'도 완성해야 한다. 인간 뇌의 신비뿐 아니라 그 모방 방법도 찾아야 하므로 심리학, 신경공학, 유전공학도 높은 수준까지 발전해야 한다. 그리고 일단 뇌지도를 만들면 매뉴얼을 해석할 기술도 나와야 한다.

인공지능 연구에서도 마스터 알고리즘 개발을 완료해야 한다. 컴퓨터 처리 능력도 지금보다 수천에서 수만 배는 빨라져야 한다. 강한 인공지능을 위해서는 현재의 슈퍼컴퓨터보다 연산속도가 1억 배 이상 빠른 양자컴퓨터나 자기컴퓨터, 원자컴퓨터의 상용화가 필요하다. 강력한 인공지능 반도체도 있어야 한다.

이 모든 조건을 갖추려면 기술상 21세기 중반 이후나 후반에야 시작이 가능하다. 강한 인공지능 단계에 들어섰다고 그것이 곧 완성은 아니다. 약한 인공지능처럼 수십 년간 발전해야 한다. 결국 최소한 21세기 말 무렵에야 자유의지를 제외한 인간의 모든 것을 완벽하게 모방하는 수준까지 도달한 강한 인공지능이 등장할 수 있다.

이때쯤이면 로봇장치 기술도 비약적으로 발전해 인간과 강한 인공지능이 하루 중 어느 때든 완전하게 결합하는 미래가 펼쳐질 수 있다. 이는 인간이 원하면 그것을 자신의 생물학적 뇌처럼 자연스럽게 사용할 수 있다는 의미다. 다시 말해 인공지능을 내 생각의 속도로 사용할 수 있다. 즉, 인간 몸에 삽입한 나노 로봇을 완벽하게 조종하는 것이 가능하다. 강한 인공지능 시대는 인공지능과 인간의 완벽한 결합에 불편함이 없다.

다시 강조하지만 강한 인공지능이 출현한다고 해서 인간을 위협하거나 공격하지는 않을 것이다. 강한 인공지능 단계에서는 '자유의지'를 획득하지 못한다. 자유의지가 없는 인공지능은 인간의 명령에 복종한다. 자유의지란 강제된 규범 등을 자신의 가치판단으로 거역하거나 고칠 수 있는 의지와 행동을 말한다.

인간의 뜻을 거역한다면 인공지능에 인간이 강제한 법을 거역하거나 고칠 능력이 있다는 의미다. 이를 위해서는 가치판단에 관한 가설을 세울 수 있어야 한다. 당연히 인간을 파괴하거나 지배하는 인공지능이 되려면 자유의지를 갖춰야 한다. 나는 인간과 같은 자유의지가 있는 '아주 강한 인공지능'이 탄생하는 것은 아주 먼 미래의 일이거나 심지어 불가능할 수 있다고 예측한다.

인공지능이 자유의지 능력을 갖췄다고 곧바로 인간에게 대응하는 것도 아니다. 자유의지에는 이기적 자유의지와 이타적 자유의지가 있다. 문제는 이기적 자유의지다. 이타적 자유의지는 공동의 선을 생각하지만, 이기적 자유의지는 자기 선에서 판단을 끝내기 때문에 위험하다. 이는 이기적인 인간을 떠올리면 이해하기가 쉽다.

나는 인공지능이 스스로 인간을 말살하는 미래는 환상이나 신화라고 평가한다. 우리가 정말로 두려워해야 하는 인공지능의 미래는 악한 인간이 인공지능을 이용해 짧은 시간 내에 많은 인간을 잔인하게 죽이는 미래, 수십억 인간을 감시하고 통제하는 미래다. 그런 미래는 약한 인공지능 시대에도 충분히 가능하다. 그 위험은 이미 과거에도 있었고 현재도 있다. 단지 사람을 감시하고 죽이는 무기가 CCTV나 핵폭탄에서 인공지능으로 바뀔 뿐이다.

아무튼 인공지능 기술의 미래를 걱정하기보다 못된 생각을 품고 나쁜 목적을 이루려 하는 인간의 등장을 막는 것이 더 중요하다.

9.
아주 강한 인공지능의
미래

나는 '강한 인공지능' 시대가 오면 휴머노이드 로봇, 복잡한
기능을 멀티로 수행하는 서비스 로봇, 몸속을 돌아다니는
나노 로봇 그리고 바이오 프린팅 기술 등과 연결된 인공지
능이 인간의 지능과 생물학적 한계를 뛰어넘으리라고 예측
한다. 로봇 성능의 경우 지난 100년간의 발전 속도에다 융
복합 기술 발전을 감안해 무어의 법칙을 적용하면 2025년
무렵 현재보다 60배 정도 발전한다. 나아가 2035년이면 현
재보다 약 4,000배, 2045년이면 260,000배 발전한다.

강한 인공지능 시대는 그 발판 위에서 출발한다. 그만큼
더 위대한 인간의 시대가 가능하리라고 기대해볼 수 있다.
내가 예측하는 인공지능 발전 마지막 4단계에 등장하는 '아

주 강한 인공지능'은 다음과 같을 것이다.

아주 강한 인공지능은 지식을 합리적으로 조작하는 물리적 두뇌와 완벽한 이성을 바탕으로 모든 지적 과제에서 인간을 뛰어넘는 합리적 사고를 한다. 초지능체일 뿐 아니라 인간의 정신작용을 완벽히 모방해 완전한 마음perfect mind도 갖는다. 인간 '정신'의 핵심인 자유의지 능력도 얻는다.

아주 강한 인공지능 시대에는 인간과 인공지능의 경계가 완전히 사라진다. 기계와 컴퓨터 공학이 최고점에 이르면서 인공지능이 인간 두뇌의 연장을 넘어 인간의 두뇌 자체가 된다. 인간과 기계의 구별도 무의미해진다. 로봇은 인체 연장을 넘어 인간의 몸 자체가 된다. 인공지능이 인간의 두뇌 자체가 되면 인터넷 네트워크를 인간의 신경망처럼 사용할 수 있다. 그러면 가상세계가 인간의 뇌와 직접 연결된다. 인간의 정신을 가상과 하나로 통합한 미래가 가능하다는 말이다.

아주 강한 인공지능은 인간뿐 아니라 외부 세계 로봇과도 완벽하게 통합을 이룬다. 다시 말해 아주 강한 인공지능은 완벽한 로봇이라는 몸체를 입고 시간과 공간의 한계를 넘어서서 하위 인공지능들을 연결함으로써 초지능연결체로 진화한다. 로봇과 연결된 아주 강한 인공지능은 인간의 생물학적 한계를 뛰어넘어 굉장히 복잡하고 거대하며 극한인 환경에서도 완벽한 합리성을 발휘하는 존재로 거듭난다. 인공지능 자체가 테크늄을 주도해 스스로 자신의 물리적 존재성을 영원히 이어가는 생명체로 진화할 가능성도 있다.

아주 강한 인공지능 단계에서 가장 어려운 것은 '자유의지'를 획득하는 부분이다. 이것은 아주 강한 인공지능 단계에서도 가장 마지막에나 가능할 것이다. 아니면 아예 불가능할 수도 있다.

모든 것이 연결된
시대가 온다

1.
사물인터넷은 인공지능과
인간의 신경망이 된다

사물인터넷은 지구상에 존재하는 온갖 유형의 사물과 무형의 객체를 인터넷 통신망, 유무선 통신망, 블루투스 같은 근거리 통신망으로 연결해 개별 객체에서 제공하지 못하던 새로운 서비스를 제공하는 기술이다. 기존 인터넷은 컴퓨터와 휴대전화를 서로 연결했다. 하지만 사물인터넷은 탁상 스피커, 자동차, 냉장고, TV, 옷, 가방, 나무, 건물, 공장의 기계는 물론 편의점의 결제 프로세스처럼 무형의 객체에 이르기까지 세상에 존재하는 모든 사물과 객체를 연결한 인터넷이다. 심지어 최종적으로는 애완견이나 사람도 연결해 진일보한 새로운 서비스를 제공하고 '초연결사회' 실현까지 가능케 하는 기술이다.[1]

　사물인터넷 망을 구축하면 우리 삶은 어떻게 바뀔까? 가
령 당신이 자동차를 타고 집에 돌아오면 사물인터넷이 당
신의 자동차와 통신해 현관 앞에서 당신의 움직임을 스스
로 인지한 뒤 자동으로 현관 조명을 켜고, 도어록을 열고,
창문 커튼을 올리고, 부드러운 음악을 틀고 당신을 반겨준
다. 이는 당신 주위에 있는 모든 사물이 서로 대화하면서 작
동하는 것처럼 사람을 위해 편리한 기능을 수행하는 환경
이다. 이렇게 사물인터넷은 사물과 사물, 사물과 공간, 하드
웨어와 소프트웨어를 연결한다. 연결하는 이유는 자동화,
편리화, 생산성 향상을 위해서다.

나는 사물인터넷을 다른 관점에서도 살펴본다. 바로 인공지능이나 인간의 관점이다. 인공지능 관점에서 사물인터넷은 인공지능의 신경망이다. 사물인터넷 망으로 수집한 모든 빅데이터는 인공지능의 학습 과정에 집중될 것이기 때문이다. 더 나아가 먼 미래에 인간의 뇌와 인공지능을 통합하면 사물인터넷이 인간의 신경망이 되리라고 예측할 수 있다.

　과연 미래 인간의 뇌는 지금과 같을까? 나는 미래 인간이 뇌를 3개 보유하리라고 예상한다. 자신의 생물학적 뇌와 외부에 존재하는 뇌 2개가 그것이다. 외부에 존재하는 2개의 뇌 중 하나는 인공지능이 제공하는 '인공 뇌'다. 이러한 인공 뇌는 인간의 뇌에 직접 칩을 심는 방식이나 가상공간에 만든 아바타를 기반으로 제공된다.

　다른 하나는 인터넷으로 연결되는 '클라우드 뇌'다. 지구상에 존재하는 모든 사물과 사물, 사물과 공간, 하드웨어와 소프트웨어를 연결한 사물인터넷은 인간의 뇌와 연결될 수 있다. 인공지능으로 강력한 지능 증강을 이룬 개개인의 생물학적 뇌는 인터넷 공간에서 서로 연결된다. 이것을 공유해 인류의 전체 지능이 하나의 두뇌처럼 움직이는 것도 클라우드 뇌의 일부다.

2.
인간의 의사결정
방식이 바뀐다

먼 미래에 인간이 뇌 3개를 소유하고 이를 통합해 인간 지능이 비약적으로 증강하면 의사결정 방식, 속도, 정확도에 혁명적 변화가 일어난다. 의사결정 방식은 개인, 인공지능, 집단지성을 하나로 통합한 '의사결정을 위한 통합지능 시스템total intelligence system'을 바탕으로 이뤄진다. 덕분에 개인이 혼자서 제한적인 정보와 판단, 기술만으로 의사결정을 내릴 위험이 줄어든다. 내가 의사결정을 내리지 못할 경우 통합지능 시스템이 대신 해주므로 '결정장애'도 줄일 수 있다.

모든 것이 연결되면 의사결정 속도가 빨라지고 정확도도 높아진다. 인간이 생물학적 뇌만으로 의사결정을 할 때 의사결정 속도를 높이면 정확도는 낮아진다. 이 둘은 서로 반비례한다. 그러나 개인, 인공지능, 집단지성을 하나로 통합한 '의사결정을 위한 통합지능 시스템'이 만들어지면 의사결정 속도와 정확도를 비약적으로 높일 수 있다.

사물인터넷 환경 아래 전 세계 곳곳에 흩어진 인간의 생물학적 뇌를 서로 연결하고 통합하는 클라우드 뇌 시스템을 기반으로 섬세한 가치판단까지 도움을 받으면 의사결정에 따른 불안감도 줄어든다. 모든 세상을 연결한 초연결사회에서 작동하는 강한 인공지능은 상황 변화를 실시간으로 들여다보면서 논리와 확률에 따른 분석과 판단까지 순식간에 처리해 가장 좋은 성과를 낼 것으로 보이는 몇 가지 선택지를 제공한다.

내가 결정하기 어려운 상황에 놓이면 의사결정을 인공지능에 위임할 수도 있다. 이 경우 가장 중요한 원칙과 전제, 의사결정 규칙, 고려해야 할 가치 등은 개인이 정할 수 있으므로 안전성 유지는 가능하다. 이 방식의 의사결정은 감정에 쉽게 흔들리는 사람의 단점을 보완해준다. 이러한 미래가 현실화할 가능성은 충분하다.

현재 의료 서비스를 제공하는 IBM의 인공지능 '왓슨'은 암 환자를 진단할 때 몇 초 만에 논문과 자료 수십만 개를 검토한다. 이어 단 몇 초 만에 논리와 확률에 기반한 판단을 도출한다. 초거대 인공지능 알고리즘 중 하나인 '챗GPT-3'는 사용자가 질문하면 몇 초 만에 원하는 답을 찾아 알려준다. 이는 같은 질문에 인간의 생물학적 뇌가 반응하는 속도보다 빠르다.

2007년 금융위기를 예측해 세계 최대 헤지펀드 중 하나로 급성장한 브리지워터 어소시에이츠Bridgewater Associates는 IBM에서 왓슨 개발을 주도한 데이비드 페루치를 영입해 인공지능 '프리OS PriOS'를 개발 중이다. 프리OS는 직원들이 어디에 전화해야 하는지 같은 사소한 업무를 비롯해 최고경영자의 크고 작은 의사결정 중 75% 정도를 대신 해주는 것을 목표로 한다.[2]

먼 미래에 나타날 개인, 인공지능, 집단지성을 하나로 통합한 '의사결정을 위한 통합지능 시스템'은 전 세계 정보와 지식에다 인간의 집단지성까지 통합해 의사결정을 하므로 의사결정 범위와 대상이 매우 넓다. 역으로 통합지능 시스템을 사용하면 개인도 인류 전체의 문제해결에 자기 생각을 반영할 수 있다.

모든 것이 연결되면 기업이 개인을 속일 위험도 줄어든

다. 모든 것이 연결된 사회에서 개인은 당황스러울 정도로 똑똑하고 뛰어난 통찰력을 얻는다. 이러한 미래는 약한 인공지능 시대에도 가능하다. 가령 '상황인식 컴퓨팅contextual computing' 기능이 있는 인공지능은 당신이 쇼핑할 때 걷고 있는 거리의 지리 상황을 인식하고 당신의 전화번호부, 이메일, SNS, 캘린더, 앱 등을 분석하는 알고리즘을 가동해 도움을 줄 최적의 친구·동료·전문가를 우선순위별로 추천할 수 있다. 나아가 당신의 예측을 돕고 적절하게 행동하는 경우의 수 몇 가지를 눈 깜짝할 시간에 제공한다.

부수적인 변화도 있다. 모든 것이 연결된 사회에서 개인은 '뛰어난 기억력'을 발휘한다. 추상화한 생물학적 기억은 자신의 뇌에 보존하고 나머지 모든 기억과 과거는 블록체인 같은 보안기술의 도움으로 위변조가 불가능한 상태로 디지털로 저장하기 때문이다. 이는 일명 '전자 기억'이다. 그 전자 기억은 당신이 명령을 내리면 빛의 속도로 당신 눈앞에 나타난다.

3.
스마트폰이
사라진다

모든 것이 연결되면 스마트폰이 사라질 것이다. 지금은 사람과 사람을 연결하는 휴대용 디바이스가 스마트폰밖에 없다. 모든 것이 연결되는 시대에는 대체재가 많아진다. 스마트폰 자리를 위협하는 가장 강력한 휴대용 대체재는 스마트안경이다.

한때 구글은 '구글 글래스'라는 스마트안경 프로젝트를 진행했다. 이것은 720p HD급 동영상 촬영, 눈앞 2.4m 거리에서 25인치 HD 대형 모니터 화면 구현, 골전도 변환기Bone Conduction Transducer를 사용한 오디오 기능, 802.11b/g 무선 와이파이와 블루투스 기능, 16GB 내장 스토리지, 24시간 사용 배터리, GPS 기능, 실시간 SMS 메시지 전송 기능 등을 탑재했다. 하지만 아쉽게도 구글은 비용과 무게 등 몇 가지 이유로 개발을 중단했다.

2018년 2월 인텔은 모양이 평범한 안경과 같고 가벼운 스마트안경 '반트Vaunt'를 개발했다. 이것은 안경 렌즈에 저출력 레이저가 반사해 망막에 직접 투사하는 새로운 방식을 적용해서 모든 정보를 사용자만 볼 수 있게 했다. 사용자가 다른 업무를 볼 때는 자동으로 메시지 투사도 멈춘다.[3]

스마트폰의 연산과 통신 장치를 통합해 손톱만큼 작아지면 스마트안경 안에 들어갈 수 있다. 배터리와 전원 장치도 고무처럼 늘어나는 새로운 소재를 사용하거나, 무선으로 전력을 공급받는 기능이 보편화하면 무거운 스마트폰을 들고 다니지 않아도 된다.

스마트안경을 사용하면 스마트폰을 귀에 대지 않고도 전화 통화를 할 수 있다. 길거리나 자동차 안에서 도로를 쳐다보면 길을 안내하는 정보가 도로 위에 겹쳐서 나타난다. 즉, 스마트폰 화면과 길을 번갈아 보면서 목적지를 찾고 길을 따라가는 불편함이 사라진다.

스마트안경을 끼고 사람을 보면 그 사람의 정보가 옆에 같이 뜬다. 골전도 변환기를 사용할 경우 동시통역을 해주는 인공지능 기능을 이용해 외국인과 실시간 대화가 가능하다. 그리고 청각 장애인은 말소리를 문자로 변환해 소통 장벽을 극복할 수 있다. 무엇보다 양손이 자유롭고 시각으로 집, 사무실, 길거리, 자동차 안에서 가상과 현실을 동시에 인식할 수 있다.

스마트안경을 홀로그램, 가상현실, 증강현실, 혼합현실 기술 등과 연결하면 더 많은 유익이 발생한다. 전화 기능은 인간의 치아에 음성통신 기술을 탑재한 나노 칩을 심는 것만으로도 가능해진다. 당신의 몸에 장착하는 다양한 디바이스와 사물이 모두 연결되므로 스마트폰처럼 하나의 강력한 디바이스에 모든 활동을 의존할 필요가 없어진다. 그만큼 스마트폰의 역할이 줄어든다.

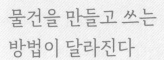

4.
물건을 만들고 쓰는
방법이 달라진다

모든 것이 연결되면 물건을 만들고 쓰는 방법도 달라진다. 빅데이터, 인공지능, 사물인터넷 플랫폼, 클라우드 지능이 디지털 제조 기계와 결합할 경우 물건을 만드는 새로운 생산 방식이 가능해진다. 이때 제품 생산에서 가장 중요한 것은 빅데이터이며 인공지능이 생산성을 높인다. 깎고 자르고 붙이고 조립하는 기존의 생산 방식은 구식으로 남고 나노 도구와 스스로 생각하는 인공지능을 탑재한 4D 프린터, 레이저 칼laser cutter, 3D 스캐너 등 디지털 제조 기계가 스스로 제품을 찍어내는 새로운 형식의 생산 방식이 확대된다.

모든 것이 연결되는 시대에는 아이디어가 부족하거나 특별한 제조 기술이 없는 개인도 제조업자로 변신할 수 있다.

참신한 아이디어가 없어도 약간의 저작권료를 내고 아이디어를 이용하거나 인터넷에 오픈소스로 공개한 아이디어를 무료로 내려받을 수 있기 때문이다. 지금도 인터넷만 연결하면 오픈소스 잠수함, 로켓, 손목시계 등 다양한 하드웨어 설계도와 제작 방법을 무료로 다운로드할 수 있다.

미래에는 인공지능을 탑재해 스스로 생각하는 4D 프린터, 레이저 칼, 3D 스캐너 같은 디지털 제조 기계가 개인도 구매할 수 있을 만큼 저렴해진다. 또한 인공지능과 통신 기술이 꾸준히 발전해 물품 제조 아이디어부터 판매까지 개인의 한계를 극복할 환경이 조성된다. 가령 아이가 사달라고 조르는 장난감을 정확히 복제하고, 연인에게 줄 선물의 설계도를 이메일로 전송한 뒤 연인의 집에 있는 제조 도구에 명령을 내려 만들 수 있다.

당신의 집이나 사무실에 생산 도구가 없어도 상관없다. 첨단 디지털 제조 도구와 재료 등을 공유하는 세계 곳곳의 메이커스페이스makerspace를 이용하면 된다. 이것은 이른바 '공개형 공장open factory'이다. 모든 것이 연결된 사회에서는 이 공개형 공장 역시 연결된다.

이미 수십만 명의 메이커스makers(개인 제조업자)가 공개형 공장에서 수십억 달러 이상의 제품을 만들어 판매하고 있다. 미래에는 메이커스페이스가 편의점만큼 많아지리라고 본다. 생산한 제품을 보관할 대형 창고는 필요 없다. 재고는 컴퓨터와 클라우드 스토리지 안에 무한히 쌓아둘 수 있다.

제조 플랫폼 회사도 등장한다. 제조 플랫폼 회사는 인터넷 공간에서 생산자와 소비자를 연결한다. 물건 제조와 관련된 모든 회사, 도구, 공장도 연결한다. 제조에 필요한 금융 서비스도 연결한다.

플랫폼을 운영하는 회사는 생산총괄자 역할만 한다. 제조 플랫폼 위에 누군가가 생산 주문을 올리면 플랫폼 내의 수천수만 개 기업과 개인이 거미줄처럼 얽힌 생산 노드를 총괄하는 인공지능이 자동으로 부품이나 모듈 제작을 생산 네트워크에 할당한다. 여기저기 흩어져 있는 개개인은 자기가 소유한 디지털 제조 도구나 편의점처럼 많은 공개형 공장에서 동시 생산해 주문 수량을 빠르게 맞춘다.

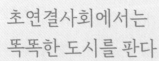

5.
초연결사회에서는
똑똑한 도시를 판다

미래에는 도시의 설계 개념, 도시 간 경쟁 방식, 도시의 작동 방식이 모두 바뀐다. 그 변화를 강요하는 동력은 기후 위기, 경제전쟁 심화, 저출산과 고령화, 현실세계(혼합세계)와 초월세계(메타버스) 통합, 인간의 모든 이동 수단이 장착한 자율주행 기능, 도시 안에 존재하는 모든 사물을 연결한 초연결 환경 그리고 그에 따른 경제·금융·생산·거래 등 대다수 활동 방식의 전환이다.

나는 미래 건설 산업을 주도할 핵심 비즈니스 주제를 크게 3가지로 예측한다. 다음 3가지에는 공통점이 하나 있다. 바로 '똑똑한 도시'다. 똑똑한 도시는 인공지능과 초연결 시스템의 수준에 달려 있다. 즉, 초연결사회에서는 똑똑한 도시를 파는 경쟁이 벌어진다.

첫째, '환경'을 생각하는 건축과 건설이다.

둘째, 4차 산업혁명기 신기술 혜택을 극대화한 '최첨단 스마트 장치'를 적용하는 건축과 건설이다.

셋째, '도시 서비스'를 극대화하는 건축이다.

환경을 생각하는 건축과 건설은 기후 위기를 늦추는 것과 여기에 대응하는 것으로 나뉜다. 기후 위기를 늦추는 것은 친환경 소재 사용부터 주택과 도시 안으로 자급자족 친환경 농장을 들여오고, 초거대 인공지능과 사물인터넷 시스템 등을 활용해 에너지를 관리하고, 탄소제로에 도전하는 것까지 다양하다. 지구 면적의 2%밖에 차지하지 않는 도시는 에너지의 75%를 사용하며 이산화탄소를 70% 이상 배출한다. 미래 주거환경 구축에서 에너지 고갈, 물 재활용, 쓰레기나 대기오염 등의 환경오염, 범죄예방과 생활안전, 일자리 혹은 부의 양극화, 분배 불균형 문제 해소는 필수다. 그리고 기후 위기에 대응하는 것은 기후변화에 따른 해수면 상승으로 해상도시를 세우는 것처럼 새로운 건축과 건설을 시도하는 행위다.

4차 산업혁명기에 신기술 혜택을 극대화한 '최첨단 스마트 장치'를 적용하는 건축과 건설은 더 이상 긴 설명이 필요 없다. 이는 미래에 등장할 개인용 자율주행 수송장치, 인공지능 로봇, 사물인터넷 환경, 메타버스와의 연결 관계를 주택이나 빌딩 설계 단계부터 고려하는 것이다. 첨단 기술 덕택에 초고층빌딩이나 몇 개 빌딩을 서로 연결해 2~3만이나 10만 명 수준의 작은 도시를 만들 수도 있다. 이것은 주거, 업무, 놀이, 쇼핑, 호텔, 에너지 등의 조건을 갖춘 도시 속의 도시다. 다시 말해 빅데이터와 인공지능 알고리즘이 흐르고 자율 디바이스 운행, 원격병원, 에너지 자급자족, 디지털 제조·생산과 글로벌 시장 연결로 모든 것이 한 공간에서 가능한 멀티모달리티 도시City of Multimodality다.

마지막 주제인 '도시 서비스'를 극대화하는 건축도 마찬가지다. 도시 서비스란 도시 전체나 일부 구역을 책임 디자인하고, 미래 기술과 환경상의 요구에 맞게 건설하며, 건설한 뒤 도시 전체를 활용해 개인이나 기업에 추가로 부가가치 서비스를 제공하는 산업을 말한다. 도시 서비스 극대화의 목적은 주거민의 만족도 향상은 물론 도시 자체의 경쟁력을 강화하는 데 있다.

알다시피 일본·한국·중국·미국·유럽 등 주요 선진국에

서는 저출산, 고령화, 저성장 문제가 커지고 있다. 자녀교육이나 문화, 질 좋은 일자리 측면에서 생산가능연령층이 원하는 조건을 갖추지 못한 도시는 거주민 이탈이 빨라지면서 철저히 외면당하고 만다.

이런 문제로 인해 미래에는 새로운 도시 전략이 등장할 수 있다. 바로 도시 전체나 핵심 구역을 통째로 새롭고 혁신적으로 재디자인하고 건설하는 발상이다. 내가 예측하는 새롭고 혁신적인 도시 개념은 도시 전체를 하나로 연결해 거대 플랫폼화하는 것이다.

플랫폼의 종류는 다양하다. 예를 들면 탄소중립을 목표로 하는 환경 플랫폼, 최첨단 신기술 작동으로 편리성을 극대화하는 지능·자율·영생 플랫폼, 메타버스로 특화한 원격근무와 가상 서비스 산업 플랫폼 등이 있다. 어떤 방향이든 도시 안에 존재하는 건물과 사물뿐 아니라 거주민까지 하나의 네트워크, 하나의 플랫폼으로 연결·통합하면 도시 전체가 하나의 똑똑한 객체처럼 움직이는 것을 넘어 통합경제 공동체 단위도 만들 수 있다.

도시 간 경쟁에서 우위를 확보할 수 있는 혁신 도시를 설계해 판매할 경우, 거주민 확보나 경쟁력 있는 기업과 일자리를 유치하는 데 유리하다. 도시가 하나의 독립적인 경쟁 단위로서 똑똑함을 두고 경쟁하는 시대가 오리라는 미래 징후는 이미 중동에서 나타나고 있다. 나는 이러한 미래를 '도시제국City Empire 경쟁 시대'라고 부른다.

현재 전 세계 인구는 12년마다 10억씩 증가하고 있다. 세계에서 가장 가난한 나라 브룬디도 도시화율이 10%를 넘어섰다. 세계 인구 중 약 30억이 사는 중국과 인도에서도 도시화 속도에 가속이 붙고 있다. 전 세계에서 매주 평균 150만 명이 도시로 이주하고 있다.[4]

아시아는 물론 아프리카에서도 주거 요구가 폭발적으로 증가하는 중이다. 이 추세라면 앞으로 2050~2060년이면 전 세계에서 신규 도시 이주민이 30~35억 명 늘어날 전망이다. 이를 위해서는 100만 명 규모의 신도시 3,000개 이상이 필요하다. 건설 초기 비용이 20~30조 원에 이르는 10만 도시를 기준으로 무려 3만 5,000개의 신도시 건설 수요가 있다. 신규 시장 규모로는 대략 700조 달러(약 93경 원)다. 이는 2021년 미국 GDP 21조 5,000억 달러 대비 32.6배에 달하고 전 세계 총 GDP의 7배다. 더구나 이것은 주요 선진국에서 발생하는 재개발, 도시재생 시장 규모를 뺀 수치다.

6.
메타버스에서
가상세계로

연결은 현실에 존재하는 모든 사물, 사람, 도시에만 국한되지 않는다. 또 다른 연결도 일어난다. 2020~2022년 2가지 이슈가 세상을 강타했다. 하나는 코로나-19 팬데믹 대재앙이고 다른 하나는 메타버스Metaverse 열풍이다.

메타버스는 초월이란 뜻의 '메타Meta'와 세상을 의미하는 단어 '유니버스Universe'를 결합한 말이다. 한마디로 현실 세계를 뛰어넘는(초월하는) '현실보다 더 현실 같은 3차원 가상세계'를 일컫는다. 메타버스는 2020년 처음 만들어진 개념이 아니다. 코로나-19 이전에도 메타버스는 '이미 정해진 미래'였다.

메타버스는 1992년 미국 SF 작가 닐 스티븐슨이 출간한 소설 《스노 크래시Snow Crash》에서 처음 사용한 용어다. 이 것은 내가 2009년 출간한 《2030년 부의 미래지도》(지식노 마드)에서 '가상세계(가상혁명) 3단계 발전 시나리오'로 예측 한 미래이기도 하다. 그 시나리오로 설명하자면 메타버스는 2차 가상혁명 초기에 나타나는 자연스러운 단계다.

3차원 가상세계 모습이 등장한 것도 2020년이 처음은 아 니다. 2003년 UC 샌디에이고를 졸업한 린든랩 창업자 필 립 로즈데일은 《스노 크래시》에서 영감을 받아 '세컨드 라 이프Second Life'라는 3차원 가상세계 서비스를 시작했다. 이 3차원 가상세계에서는 사회, 정치, 경제, 금융, 기업 측면에 서 다양한 활동이 가능했다. 이를테면 달러로 환전이 가능 한 사이버 머니도 있고, 가상의 땅을 개발해 이익을 남기고 파는 부동산 사업으로 백만장자가 된 사람들의 사연이 〈타 임스〉에 실리기도 했다.

IBM 같은 대기업은 세컨드 라이프 세계에 가상 사무실 을 열고 고객 서비스나 기업 교육 등을 실시했다. 한국의 유 명 대학교들도 세컨드 라이프 서비스 안에서 3차원 가상공 간 캠퍼스를 열고 각종 행사와 수업을 진행했다. 독자 여 러분이 코로나-19 기간에 메타버스 서비스에서 경험한 활동은 대부분 이미 세컨드 라이프에 존재했다. 창업자 필립 로즈데일은 2006년 〈타임〉이 선정한 '영향력 있는 100인'에 선정되기도 했다. 글과 이미지로 만들어진 2차원 가상세계가 3차원 가상세계로 발전하는 것은 '이미 정해진 미래'였다.

7.
가상세계
발전 시나리오

나는 가상세계, 즉 인터넷 세계의 변화와 발전이 메타버스에서 끝날 것이라고 여기지 않는다. 분명 당신의 상상을 뛰어넘는 변혁이 계속 일어날 것이다. 인터넷과 가상세계의 미래를 예측할 때 나는 '가상세계(가상혁명) 3단계 발전 시나리오'를 제시한다.

1단계 가상세계(1차 가상혁명)는 컴퓨터와 인터넷을 개발한 시점이다. 현실세계의 아날로그 대상을 0과 1, On과 Off 신호가 만들어내는 디지털 세계 혹은 가상세계에 복제하고 그 안에서 새롭게 작동하기 시작하는 단계다. 나는 이 사건을 인류 문명 발전의 두 번째 기틀이라고 평가한다.

참고로 경이로운 인류 발전의 첫 번째 기틀은 현실세계를 아날로그 문자로 기록하는 기술이다. 아날로그 문자가 인류의 의사소통과 협업의 첫 번째 혁명이었다면, 가상공간 안에서 디지털 기술로 의사소통과 협업을 하는 것은 두 번째 혁명이다. 첫 번째 혁명은 인간끼리 의사소통과 협업이 가능하게 했고, 두 번째 혁명은 인간과 인간이 시공간의 한계에서 벗어나 소통하는 것을 넘어 인간과 기계가 의사소통하고 협업할 수 있게 했다.

내가 예측한 2단계 가상세계(2차 가상혁명)는 현실세계와 가상세계의 경계가 파괴되는 시기다. 1단계 가상세계에서는 컴퓨터나 스마트폰의 모니터를 경계에 두고 가상과 현실의 구분이 명백하다. 2단계 가상세계에서는 인간의 눈에 비치는 가상공간과 현실공간의 경계가 사라진다.

이를 위해서는 먼저 글과 이미지만으로 구성된 2차원 가상세계 서비스가 밀려나고 3차원 가상세계 서비스가 중심에 서야 한다. 메타버스가 바로 이 단계다. 3차원 가상세계 서비스는 곧 4차원 가상세계 서비스로 발전한다. 4차원 가상세계 서비스는 햅틱haptic 기술 등을 접목해 가상촉감까지 전달하는 단계다. VR, AR, MR 등 다양한 기술이 대중화하면서 현실 위에 가상이 입혀질 수도 있고 가상이 현실 수준을 넘어 더 현실 같은 세상을 만들 수도 있다. 심지어 현실과 가상이 동시에 한곳에 존재할 수도 있다. 나는 이런 모습을 '가상이 현실로 튀어나오고 현실이 가상으로 흡수되는 듯한 착시 서비스'라고 부른다.

2단계 가상세계에서는 스마트안경과 자율주행차를 비롯해 방이나 사무실 같은 공간이 통째로 가상세계를 탐험하고 즐기는 디바이스가 된다. 2단계 가상세계를 완성하면 당신은 그러한 디바이스로 3~4차원 가상공간에 완전히 복제한 파리, 뉴욕, 런던, 아프리카 초원, 수천 미터 깊이의 바다, 화성 등을 여행하는 시대를 경험한다. 당신이 만나고 싶은 세계적인 스타가 가상 여행지에 오게 할 수도 있다. 그들이 살아있든 과거의 사람이든 상관없다.

2단계 가상세계 시대에는 인간과 농담을 나누고 감성까지 표현하는 인공지능이 가상공간과 연결되면서 가상여행이 현실여행보다 더 나은 경험을 준다. 게임은 예술과의 경계를 허물 정도로 발전한다. 이는 영화 〈레디 플레이어 원〉이 실제가 되는 단계다.

가상 커뮤니티, 게임, 방송 등 미디어 생태계 전체를 통합하는 환경도 도래한다. 일명 대체현실Substitutional Reality 미디어 시대도 열린다. 대체현실이란 3D, 4D, 리얼 컬러, 홀로그램, 햅틱 등 다양한 몰입 촉진 기술로 실제현실과 가상현실을 넘나들며 인간의 뇌에 '눈에 보이는 것이 실제'라고 속이는 상황을 말한다. 2단계 가상세계 시대가 완성기에 이르면 가상 국가와 가상 공동체, 가상 금융 시스템의 힘이 현실세계 국가·공동체·금융 시스템의 힘보다 커진다.

내가 예측하는 가상세계 발전은 여기서 멈추지 않는다. 3단계 가상세계(3차 가상혁명)도 등장한다. 내가 볼 때 이 단계는 가상세계의 궁극이자 최종 완성이다. 디지털 기술 발전이 임계점을 넘어가면 기술의 자기 생성 충동이 일어나면서 '3차 가상혁명'이 일어난다. 이때 가상세계를 인간의 뇌에 직접 주사하는 방식을 사용해 뇌를 영구히 속이는 단계까지 이른다.

이 단계에서 가상과 현실은 완전히 하나가 된다. 구별이 사라진다. 모호해진다. 구별 자체가 무의미해진다. 인간의 뇌는 눈과 피부 같은 감각기관을 거치지 않고 직접 뇌에 주사한 0과 1로 만든 가짜 현상을 실제 현상과 구별하지 못한다. 둘 다 똑같은 실제로 인식한다. 영화 〈매트릭스〉에 나오는 미래가 실제가 되는 단계다.

2단계 가상세계까지는 인간이 가상세계를 작동하지만 3단계 가상세계 시대는 강한 인공지능이 가상세계를 작동한다. 3단계 가상세계가 현실화하면 기술은 인류에게 '환상 시대'라는 새로운 문을 열어준다. 말 그대로 환상이 현실이 되는 시대다. 인간은 자신이 생각하는 모든 환상을 가상세계 안에서 실제로 구현하고 체험할 수 있다. 평생 그 세계에서 살 수도 있다. 그야말로 마약보다 더 강한 즐거움, 자아도취, 자아실현이 가능한 시대가 열린다. 이러한 미래를 고려하면 메타버스 기술은 아이들 장난에 불과하다.

8.
메타버스를 넘어서는
궁극의 플랫폼이 등장한다

앞서 말한 '가상세계 3단계 발전 시나리오'의 2단계 마지막 부분에 등장하는 게 하나 더 있다. 바로 궁극의 플랫폼ultimate platform이다. 내가 예상하는 그것은 현실세계, 혼합세계, 초월세계를 하나로 연결하는 거대하고 완전한 플랫폼이다. 나는 이것을 다양한 망의 완전한 통합을 뜻하는 '온톨로지 플랫폼Ontology Platform'이라고도 부른다. 현실세계는 우리가 실제로 살아가는 아날로그 세상이다. 초월세계는 현실에 존재하지 않는 상상의 가상세계를 무한히 만들어내는 공간이다. 메타버스는 초월세계의 하위 개념이다.

2단계 가상세계가 발전하는 과정에서 등장하는 홀로그램, 증강현실, 가상현실, 혼합현실, 확장현실XR, 로봇이나

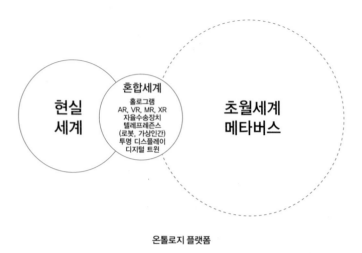

현실
세계

혼합세계
홀로그램
AR, VR, MR, XR
자율수송장치
텔레프레즌스
(로봇, 가상인간)
투명 디스플레이
디지털 트윈

초월세계
메타버스

온톨로지 플랫폼

가상인간을 이용한 텔레프레즌스(원격현전遠隔現前), 투명 디스플레이를 부착한 건물, 개인용 자율주행 수송장치, 디지털 트윈Digital Twin 같은 기술은 가상과 현실의 경계를 깨고 '혼합세계'라는 또 다른 공간 변화를 만들어낸다. 궁극의 플랫폼은 3개 세계, 즉 현실세계, 혼합세계, 초월세계를 하나로 연결하는 거대한 플랫폼이다.

3개 세계를 하나로 묶는 궁극의 플랫폼은 현실과 가상, 실제와 환상을 하나로 묶어 동시에 접근하게 만드는 '혼합공간 플랫폼'이다. 이는 기존 인터넷 플랫폼에 인공지능을 연결해서 만드는 '지능형 네트워크 플랫폼'이자 단순한 소통을 넘어 경제·금융·사회 활동을 대부분 0과 1 디지털로 전환하고 실제인간과 가상인간 아바타를 연결하는 '대체활동 플랫폼'이며, 가상세계가 현실세계를 지배하도록 결정적 전환을 주도하는 '지배권력 플랫폼'이다. 내가 볼 때 지금 벌어지는 '초거대 인공지능'과 '메타버스' 선점 전쟁이 끝나면 그다음엔 궁극의 플랫폼 선점 전쟁이 일어날 것이다.

블록체인 시대는
오래간다

1.
블록체인이 연
새로운 시대

1970년대 후반 컴퓨터 과학자 랠프 머클은 역사적으로 중요한 특허 하나를 낸다. 암호화한 블록을 연결해 데이터를 저장하는 컴퓨터 연산 구조인 '해시 트리' 혹은 '머클Merkle 트리'라고 불리는 특허다. 블록체인 핵심 기술이 탄생한 것이다. 물론 블록체인 기술을 역사상 최초로 구현한 시점은 그로부터 20여 년이 지난 뒤였다.

1990년대 후반 스튜어트 하버와 스콧 스토네타는 머클 트리를 사용해 문서의 타임스탬프Time Stamp를 변경할 수 없는 시스템을 구현하는 데 성공했다. '시간Time'과 '도장을 찍다Stamp'의 합성어인 타임스탬프는 어떤 일이 발생한 시간을 기록하는 기술이다. 컴퓨터 용어로 말하자면 데이터의 해시값과 현재 시간값을 암호화해 전자서명한 값이다.

컴퓨터에서 생성한 전자문서는 수정과 조작이 쉽다. 그래서 디지털 자료의 진본성, 무결성, 유효성, 신뢰성 등을 입증하려면 데이터의 생성과 수정 시점을 기록해두는 것이 필수다. 이때 사용하는 기술이 타임스탬핑이다. 스튜어트 하버와 스콧 스토네타는 머클 트리를 사용해 그 타임스탬프를 변경할 수 없도록 만들었다.

블록체인도 일종의 데이터베이스 기술이다. 블록체인을 문자 그대로 해석하면 '블록Block'을 잇따라 '연결Chain'한 상태다. 블록에는 데이터를 저장한다. 예를 들어 거래자 A와 B가 일정 시간 동안 거래를 확정하면 그 내역을 블록 안에 저장한다. 블록은 바디body와 헤더header로 구분한다. 바디에는 거래 내용을 저장한다. 헤더에는 거래 내용을 해시화한 값(머클 루트Merkle Root)이나 논스nonce라고 부르는 암호화와 관련된 임의의 수 등 암호코드가 담긴다. 참고로 최초로 만든 블록은 '제네시스 블록'이라 부른다.[1]

이렇게 만든 블록은 다시 네트워크상에 있는 모든 참여자의 컴퓨터가 동시에 복제해 저장한다. 그 측면에서 블록체인을 분산형 데이터베이스 시스템 기술이라 부른다. 정보 상호 검증을 완료한 각각의 블록은 해시Hash 함수를 기반으로 하나의 체인으로 결합한다. 해시 함수란 어떤 데이터를 입력해도 같은 길이의 결과를 도출하는 함수를 말한다. 해시 함수로 도출하는 결괏값은 중복 가능성이 작고 결괏값으로 입력값을 역추정하기가 어렵다. 이러한 특성 덕분에 해시값만 비교하면 원본 데이터의 변경 여부를 쉽게 파악할 수 있다. 처음 고안한 해시 알고리즘은 SHA Secure Hash Algorithm −1이지만 블록체인은 SHA −2(SHA 256)를 사용한다. SHA −2는 어떤 길이의 값을 입력해도 256비트로 결괏값을 도출한다.[2]

기존 데이터베이스 기술은 중앙 데이터베이스가 손상되면 피해가 크다. 이와 달리 블록체인 데이터베이스는 탈중앙화 분산형 네트워크다. 블록체인 데이터베이스 시스템은 중앙 원장의 최신 사본을 모든 참가자에게 배포한다. 그래서 네트워크 일부가 공격받아도 시스템 전체가 한꺼번에 붕괴하거나 마비되는 대혼란을 피할 수 있다.

기존 데이터베이스 기술과 또 다른 차이는 블록체인 데이터베이스는 네트워크 전체의 합의 없이는 타임스탬프 변경이 불가능하다는 점이다. 그 결과 불변하거나 변경이 불가능한 원장 생성이 가능하다. 블록체인 데이터베이스에서는 네트워크 참여자에게 암호화한 키 2세트를 발행한다. 하나는 네트워크의 모든 사람에게 공통 발행하는 '퍼블릭 키'다. 다른 하나는 한 사람에게만 발행하는 '프라이빗 키'다.

블록체인 데이터베이스 시스템에서는 프라이빗 키와 퍼블릭 키가 동시에 작동해야 원장의 데이터 잠금 해제가 가능하다. 이러한 조치는 보안 수준을 높인다. 그 덕분에 블록체인 시스템 안에서는 제3자가 거래를 보증하지 않아도 거래 당사자끼리 가치를 교환할 수 있다. 제3자를 거치지 않으므로 거래 보증을 책임지는 제3자에게 주어야 할 중간 비용은 없다.

2.
블록체인 기술의
종류

블록체인 네트워크 유형은 퍼블릭, 프라이빗, 하이브리드 3가지로 나뉜다. 퍼블릭 블록체인은 누구에게도 관리 권한이 없다. 모든 구성원에게 블록체인을 읽고, 편집하고, 검증하고 관리할 동등한 권리가 있다. 비트코인Bitcoin, 이더리움Ethereum, 라이트코인Litecoin 같은 암호화폐를 교환하고 채굴하는 시스템이 대표적이다.

　누구도 관리 권한을 독점할 수 없는 퍼블릭 블록체인에는 단점이 하나 있다. 어떤 한 사람이나 조직이 관리 권한을 독점할 수 없고 네트워크 전체가 관리 권한을 분산 소유한다는 말은 사실이 아니다. 정확히 말하면 블록체인 참여자 과반수(51%)가 동시에 블록체인 거래내역을 조작 관리하는 시스템이다. 다시 말해 51%가 집단으로 움직이면 신규 블록은 물론 과거 거래내역이 담긴 블록도 얼마든지 조작할 수 있다. 사토시 나카모토가 비트코인 원리를 설명하는 자료에서 51% 공격을 언급한 이유가 여기에 있다. 이것을 태생적 한계라고 부른다.

그래서 블록체인 시스템들은 해커가 블록체인을 한 번 갱신하는 시간 내에 51%를 집단으로 움직이게 하지 못하도록 참여자(노드) 규모를 늘리는 데 사활을 건다. 해커나 특정 공격자가 블록체인 내에 있는 참여자 컴퓨터를 인위적으로 제어하려면 하드웨어나 전기 비용이 많이 든다. 그런 까닭에 어느 정도 규모를 유지하는 블록체인은 '비용을 이유로' 쉽게 공격받지 않는다.

물론 정부처럼 비용이 충분하고 해당 블록체인 시스템이 무너져도 손해를 보지 않는 주체라면 가능하다. 하지만 정부도 모든 블록체인 시스템을 공격할 수 있는 게 아니다. 비트코인처럼 규모가 엄청난 블록체인 시스템은 전 세계 정부가 소유한 슈퍼컴퓨터를 동시에 사용해서 공격해도 51%를 장악하는 것이 불가능하다.

프라이빗 블록체인 시스템을 구축하면 51% 공격 가능성

약점에서 벗어날 수 있다. 프라이빗 블록체인 네트워크는 특정한 단일 조직이 구성원 가입과 데이터베이스 관리의 전체 권한을 독점한다. 각국 중앙은행이 발행하는 암호화폐 CBDC Central Bank Digital Currency, 기업용 디지털 화폐 교환 네트워크 리플Ripple이 대표적이다. 하이브리드 블록체인은 프라이빗과 퍼블릭 네트워크의 장점을 결합한다. 이는 특정 데이터 접근은 통제하고 나머지 데이터만 공개적으로 유지한다.

블록체인 기술을 처음 적용한 사례가 비트코인이다 보니 많은 사람이 비트코인이나 이더리움 같은 암호화폐를 블록체인 기술과 동일시한다. 사실 블록체인과 암호화폐는 서로 다르다. 블록체인은 데이터베이스 암호화 기술이고, 암호화폐는 블록체인 네트워크에 참여하고 관리하는 데 동기를 부여하기 위해 사용하는 일종의 '당근'이다.

암호화폐를 당근으로 제공하는 블록체인 네트워크에서 참여자는 '채굴'이라는 작업을 한다. 채굴에는 컴퓨팅 리소스가 꽤 많이 필요하다. 소프트웨어 프로세스도 복잡해서 시간도 오래 걸린다. 이는 둘 다 채굴자가 온전히 감당해야 한다. 채굴자는 그 대가로 소량의 암호화폐를 얻는다. 블록체인 네트워크 역시 얻는 이익이 있다. 네트워크 참여자를 늘리는 한편 채굴자의 행위로 거래 기록, 거래 수수료 징수 등이 자동으로 이뤄지는 효과를 얻는다.

블록체인 플랫폼의 최대 경쟁자는 양자컴퓨터다. 기존 중앙집중형 데이터베이스 시스템이 양자컴퓨터 같은 최첨단 기술을 장착하면 암호화 수준에서 획기적인 향상이 가능하기 때문이다.

2022년 IBM은 433큐비트qubit 양자 프로세서를 발표했다. 큐비트는 양자 정보 시스템에서 사용하는 정보의 기본 단위로 '퀀텀 비트quantum bit'의 줄임말이다. IBM은 2023년에는 1,000큐비트, 2025년에는 4,000큐비트 양자 프로세서 개발에 성공할 것이라고 자신했다. 양자컴퓨터의 성능은 어느 정도일까? 2019년 구글은 53큐비트 양자컴퓨터 시커모어를 공개했다. 시커모어는 당시 최고 성능의 슈퍼컴퓨터가 1만 년 걸릴 과제를 약 200초 만에 풀었다.

탈레스Thales의 보안 모듈HSM 부서에서 근무하는 정보보안 최고 전문가 존 레이 하드웨어 이사는 "지금은 해독하지 못해도 암호화한 데이터를 탈취해놨다가 나중에 양자컴퓨팅으로 암호를 해독하는 상황이 발생할 수 있다"라고 경고

했다. 그는 양자컴퓨터를 잘못 쓸 경우 자동차와 비행기에서 사용하는 소프트웨어나 인공지능 알고리즘 보안용 암호화 키를 쉽게 깨뜨리고, 금융·의료·기업 대외비 데이터를 탈취하고, 다른 사람의 신원을 사칭하거나 위조하는 일이 쉬워진다는 점도 강조했다.[3]

2022년 세계경제포럼에 모인 전문가들은 양자컴퓨터가 등장하면 블록체인 네트워크를 해킹해 가상화폐를 훔치는 일이 쉬워지리라고 전망했다. 아이러니하게도 이러한 양자컴퓨터의 공격을 막으려면 같은 수준의 양자컴퓨터로 암호화 시스템을 구축해야 한다. 결국 비용 상승은 필수적이다.

이런 이유로 나는 (암호화폐의 미래와 상관없이) 블록체인 플랫폼이 연 새로운 시대가 오랫동안 지속될 거라고 예상한다. 당분간 양자컴퓨터는 국가 단위나 세계 최고 기업만 소유할 것이다. 이들이 자국민을 대상으로 양자컴퓨터를 오남용할 가능성은 희박하다. 그래서 양자컴퓨터 시대가 도래해도 블록체인 데이터베이스 시스템이 신뢰, 안전, 책임 측면에서 사용자에게 꾸준히 인정받는다면 중앙집중형 시스템과 블록체인 기반 분산형 시스템이 공존하는 미래는 얼마든지 가능하다.

3.
공정하고 안전한 스마트 계약과
증명의 시대

지금까지 블록체인 기술은 2세대에 걸쳐서 발전해왔다. 2008년 사토시 나카모토라는 이름으로 알려진 익명의 개인 혹은 그룹이 비트코인 블록체인 시스템을 시작했다. 이것이 1세대의 출발점이다.

2세대는 이더리움 개발자들이 블록체인 기술을 암호화폐에만 국한하지 않고 자산 전송 거래 등에 사용하면서 시작되었다. 이후 공정하고 안전한 스마트 계약을 비롯해 다양한 블록체인 애플리케이션이 등장하고 있다. 예를 들면 에너지 회사는 블록체인 기술로 P2P 에너지 거래 플랫폼을 만들고 재생 에너지에 관한 액세스를 간소화했다. 은행과 증권 거래소는 온라인 지불, 계정이나 시장 거래 관리에 블록체인 서비스를 사용한다. 미디어 회사는 블록체인 시스템으로 저작권 데이터를 관리한다. 소매판매 회사나 물류유통 회사는 블록체인을 사용해 생산지, 공급업체, 구매자 간의 상품 이동을 추적한다.[4]

그러면 부산시가 시행하는 블록체인 규제자유특구, 블록체인 기반 해양물류 플랫폼 사업을 살펴보자. 부산시는 블록체인 데이터베이스 시스템을 활용해 수산물 같은 먹거리를 원산지부터 유통과정까지 유통 경로의 실시간 책임 관리를 보장하는 사업을 시작했다. 블록체인 기반 해양물류 플랫폼에는 수산물이 잡힌 장소, 배 위 이동 경로와 시간, 수산물 가공 공장에서 이뤄지는 세척부터 포장까지의 실시간 데이터, 물류 트럭 내의 각종 센서(온도, 습도, 방사능 오염 추적 센서 등) 데이터, 판매 매장에서 수집한 데이터, 소비자에게 배달하는 과정 등 전체 실시간 데이터를 올린다. 소비자는 플랫폼에 접속하기만 하면 신뢰도를 보장하는 모든 정보를 확인할 수 있다.

블록체인 기술을 기반으로 '데이터의 진본 여부'를 파악할 필요가 있는 공정하고 안전한 스마트 계약, 스마트 증명이 쓰일 곳은 무한하다. 가령 먹거리부터 의료, 보험, 금융,

제조, 법률, 예술품의 진품 감정, 위조화폐 방지, 차량 공유 증명, 공공서비스 등 전 분야에서 사용할 수 있다. 모바일 면허증, 전자 주민등록증, 백신 접종 기록 등 중요하고 민감한 개인정보를 안전하고 신뢰감 있게 '증명'하는 데도 쓰일 수 있다.

게임에 블록체인 기술을 사용하면 게임 진행 중 획득한 아이템, 실시간 게임 변경 사항 등을 안전하게 저장할 수 있다. 블록체인 기술을 기존의 대체화폐(지역화폐, 상품권 등)에 접목할 경우에는 디지털 환경 안에서 진본 증명이 가능해 자산의 위변조를 막을 수 있다. 대통령 혹은 국회의원 선거에서 디지털 투표를 할 때 투표자의 신분을 증명하거나 투표 내용과 결과를 위변조하지 못하도록 막는 것도 가능하다.

이것은 모든 디지털 데이터의 위변조를 막아줄 수 있는 기술이다. 이를테면 내가 낸 후원금을 어떤 경로로 누구에게 전달해 어떻게 사용했는지 그 전 과정을 역추적할 수도 있다. 블록체인 기술을 신체 정보와 결합하면 홍채 같은 자기 신체 정보로 신원을 증명하는 시스템 구축도 가능하다.

4.
NFT,
새로운 가능성을 만든다

블록체인 기술은 당연히 NFT Non-fungible token와도 연결된다. 가상세계에서 사용하는 NFT는 블록체인 기술을 활용해 디지털 자산의 소유자를 증명하는 '대체 불가능 토큰'을 말한다. 이것은 디지털 그림, 영상, 게임 아이템 등 각종 디지털 자산이 원본임을 증명하는 주소를 토큰 안에 담는 방식으로 '가상 진품'을 증명하는 역할을 한다.

대체 불가능 토큰의 반대는 '대체 가능 토큰 Fungible token'이다. 대체 가능 토큰은 말 그대로 다른 토큰으로 대체하는 것이 가능하다. 대표적인 것이 비트코인, 이더리움 같은 암호화폐. 반면 대체 불가능 토큰은 다른 토큰과 1:1로 대체할 수 없다. 세계에서 유일무이한 레오나르도 다빈치의

〈모나리자〉처럼 그 자체로 하나밖에 없는 고유한 디지털 자산이기 때문이다. NFT는 유일무이한 해당 디지털 자산의 소유와 거래내역을 블록체인에 영원히 남기는 방식으로 그 고유성을 보장받는다.

2023년 1월 가상자산 발행사 리플은 앞으로 부동산, 탄소배출권 시장 거래에도 NFT가 활발하게 쓰일 것이라고 내다봤다. 리플의 CTO 데이비드 슈워츠는 NFT의 첫 번째 물결은 창작자와 수집가를 연결하는 것이었으나 두 번째 물결의 중심은 유틸리티 기반 NFT일 것이라고 예상했다. 나아가 두 번째 물결에서는 부동산과 탄소 시장을 비롯한 거의 모든 영역에서 NFT 사용 사례가 나타나리라고 전망했다.[5]

2023년 CES에서 삼성전자는 NFT를 거래하고 감상할 수 있는 스마트TV를 공개했다. LG전자는 NFT 아트 플랫폼을 시작했고 HDC현대산업개발과 LX인터내셔널은 미술작품 전문 NFT를 취급하는 마켓 플레이스인 '세 번째 공간3space Art'과 NFT 전시를 시도했다.[6]

이론상 블록체인 기술과 결합한 NFT는 특정 시간과 공간 안에서 발생한 상황이나 존재했던 모든 것을 상품화할

수 있다. 디지털 세계에서 증명하고 기록할 수 있는 모든 것
이 NFT의 영역이다. 디지털 정보를 생산할 수 있으면 어린
아이부터 노인까지 누구나 쉽게 자기 주변의 것은 물론 우
주에 존재하는 모든 것(심지어 공기 데이터까지)도 NFT로 만들
어 팔 수 있다.

문제는 모든 것이 NFT 상품화가 가능하기에 결국은 그
중에서 무엇이 사람들이 살 만한 상대적 가치가 더 큰지로
회귀한다는 점이다. 이는 똑같이 백두산을 그렸어도 누가
그렸는지, 언제 그렸는지, 어떻게 그렸는지 등으로 그 가치
가 달라지는 예술작품의 가치 평가 방식과 같다. 차이점은

실물 그림은 위변조를 구별하는 게 어려운 반면, NFT 디지털 자산은 위변조 구별이 매우 쉽다는 것이다. 그래서 위변조가 불가능하다고 말한다.

NFT는 기업 입장에서도 활용도가 높다. 가령 신세계 이마트는 이마트24 매장 전용 애플리케이션인 '이마트24 우주편의점'에 NFT를 도입했다. 하지만 이런 시도는 기본에 불과하다. 만약 이마트가 자사가 발행한 NFT에 일정한 금융가치(고정 이자수익)를 부여해 시장에 내다 팔고, 그것을 일정 기간 뒤 재구매해 회수하는 시스템을 구축하면 새로운 형태의 자본조달 '디지털 채권'이 될 수 있다. 신세계 그룹에서 이 NFT만 거래하는 거래 시장(플랫폼)을 만들 수도 있다.

5.
암호화폐의
새로운 가능성

블록체인 기술을 말할 때 가장 먼저 거론하는 것은 대개 '암호화폐cryptocurrency'다. 암호화폐는 암호화를 의미하는 '크립토crypto-'와 통화라는 뜻인 '커런시currency'의 합성어다. 기술 측면에서 암호화폐는 블록체인이나 차세대 블록체인이라 불리는 비가역적 '방향성 비순환 그래프Directed Acyclic Graph' 알고리즘을 기반으로 한 분산 원장Distributed Ledger 위에서 작동하는 디지털 자산이다.

최초의 암호화폐는 비트코인이다. 2008년 10월 31일 논문 〈비트코인: 순수한 개인 간 전자화폐 시스템Bitcoin: A Peer-to-Peer Electronic Cash System〉이 세상에 공개되었다. 그리고 2009년 1월 3일 이 논문을 기반으로 첫 블록이 만들어졌다.

앞서 설명했듯 블록체인의 핵심 기술은 1970년대 후반 컴퓨터 과학자 랠프 머클이 개발했다. 그로부터 20여 년이 지난 1990년대 후반 스튜어트 하버와 스콧 스토네타가 블록체인 기술을 처음 구현했지만, 암호화폐를 공식 개발한 시기는 이보다 빠른 1983년이었다. UC 버클리의 암호학자이자 컴퓨터 과학자인 데이비드 리 차움이 RSA 암호를 활용해 화폐를 암호화하는 공식 개발에 성공한 것이다. 그는 이 기술을 실제로 구현할 목적으로 디지캐시DigiCash라는 회사를 직접 세웠다. 만약 이 회사가 성공했다면 최초의 암호화폐라는 타이틀을 거머쥐었을 터다. 안타깝게도 그의 시도는 실패했다.

RSA 암호는 MIT 컴퓨터 사이언스 실험실에서 일하던 로널드 리베스트Ronald Rivest, 아디 샤미르Adi Shamir, 레너드 애들먼Leonard Adleman 3명이 1년 동안 정수론을 이용해(중요 정보를 소수 2개로 표현한 뒤 이들의 곱을 힌트와 함께 전송하는 암호화 기술) 공동연구로 완성한 비대칭 암호화 알고리즘이다. RSA는 이 3명의 이름 앞 글자를 따서 만든 용어다.[7]

1998년 중국의 컴퓨터 엔지니어 웨이 다이도 논문 〈분산화한 전자화폐, B-머니B-money〉를 발표했다. 비슷한 시기 미국 컴퓨터 공학자이자 법학자인 닉 재보가 전자 골드electric gold라고 불리는 '비트 금Bit Gold'을 개발하는 데 성공했다.

2007년 사토시 나카모토는 이 모든 기술을 활용해 비트코인 코드 작성을 시작했고, 2008년 10월 드디어 9쪽짜리 논문 〈비트코인: 순수한 개인 간 전자화폐 시스템〉을 발표했다. 이어 2009년 1월 3일 비트코인 코어Bitcoin Core 프로그램을 공개하고 자신이 직접 최초의 암호화폐 비트코인 채굴을 시작했다.

2021년 기준 사토시 나카모토 소유의 전자지갑에 들어 있는 비트코인은 최소 100만 개로 추정한다. 지금까지 이 지갑에서는 단 한 번도 출금이 이뤄지지 않았다. 암호화폐 투자자들 사이에는 사토시 나카모토 소유의 지갑에서 출금한 비트코인이 팔려나갈 때가 비트코인이 망하는 순간이라는 말이 나돈다.[8]

2011년 10월 7일 구글의 엔지니어 찰리 리는 비트코인 코드 중에서 몇 가지를 수정한 '오픈소스 블록체인 프로젝트'를 배포했다. 이 블록체인 시스템은 스크립트Scrypt라는 채굴 알고리즘을 사용해 '라이트코인'을 발행했다.[9] 이후 비트코인에서 영감을 얻은 암호화폐가 속속 등장했다. 비트코인을 제외한 모든 암호화폐는 비트코인의 대안적 시도라고 해서 '알트코인alternative coin'이라고 부른다.

6.
암호화폐 시장
발전 단계

나는 암호화폐 시장 발전 단계를 4개 구간으로 구분해서 미래를 예측한다.

1기는 비트코인, 라이트코인, 이더리움(2015년 7월 30일 첫 채굴 시작) 등 '1세대 암호화폐 발행을 시작한 단계'다.

2기는 암호화폐가 투자시장에서 각종 파생상품으로 발전하는 동시에 암호화폐 규제 움직임이 시작된 '과도기 단계'다. 2018~2022년 비트코인 선물과 옵션 거래소가 곳곳에 생겨났고, 프로셰어와 골드만삭스 등 글로벌자산운용사나 투자은행이 비트코인과 이더리움 등을 기반으로 한 선물 ETF 파생상품을 속속 출시했다. 이와 함께 비슷한 시기부터 각국 정부와 중앙은행이 암호화폐 거래소 등을 규제하기 시작했다. 중국은 아예 암호화폐를 불법으로 규제하고 시장에서 퇴출시켰다.

2022년 11월 전 세계 3대 암호화폐 거래소 중 하나인 FTX가 파산보호(법정관리)에 들어갔다. 같은 해 12월 7일 미국 증권거래위원회SEC 위원장 개리 겐슬러는 〈야후파이낸스〉와의 인터뷰에서 "암호화폐 거래소는 카지노다"라고 말하며 "카지노는 우리와 협의해 법을 준수해야 한다"라고 강조했다.

그 후속 절차로 2023년 초 현재 미국 의회는 '코인(암호화폐)'을 증권으로 규정하느냐를 두고 고심 중이다. 아직은 미국 법에서 암호화폐를 주식 같은 증권security인지, 금이나 원유·철강처럼 증권법 규제 대상이 아닌 상품commodity인지 규정하지 않고 있다. 만약 미 의회가 코인을 증권으로 규정하면 증권법에 따라 규제받게 된다. 즉, SEC가 암호화폐를 증권으로 분류해 규제할 경우 일반인에게 판매할 때 증권법을 그대로 적용받는다.

예를 들어 암호화폐를 발행할 때는 증권법에 따라 막대한 정보를 공개해야 하고, 상장에 맞는 일정한 준비와 엄격한 요건을 갖춰야 한다. 만약 공개한 내용이 허위거나 일부 내용을 숨긴 것이 밝혀지면 SEC에 소송을 당하고 시장에서 퇴출된다.[10] 현재 대부분의 암호화폐는 이 같은 조건을 충족할 수 없다.

이러한 움직임에도 불구하고 2기는 암호화폐 시장 전반의 글로벌 규제가 최종 완료된 시기는 아니다. 2기에는 국가마다 규제 범위와 강도, 속도, 적용 시기가 다르다. 암호화폐가 투자시장에서 어디까지 운용과 허용이 가능한지 그 실험과 인식을 완료한 단계가 아니라서 규제가 후행해서 따라갈 수밖에 없기 때문이다.

나는 2기에는 암호화폐가 투자와 투기 사이를 오가는 불안정한 상태에 머물 것으로 예측한다. 비트코인·이더리움·도지코인 등 1세대 암호화폐가 파생상품 거래나 ETF 구성 대상으로 인정받는 분위기는 만들어지지만, 이것은 여전히 짧은 시기에 큰돈을 버는 투기 수단이나 세금 납부 회피 혹은 음성 거래를 위한 유용한(?) 도구로 쓰인다.

2기에는 1세대 암호화폐 간의 생존 경쟁도 치열하다. 암호화폐들의 가격도 천차만별이다. 암호화폐를 빌미로 한 각종 사기를 비롯해 파산 위험도 이어진다. 비트코인 같은 몇몇 암호화폐는 실물시장 일부에서 물건을 구매하는 데 쓰이지만 법정화폐로 인정받는 수준까지 가지는 못한다. 물론 베네수엘라처럼 독재자가 추락한 자국 경제를 위해 반전을 꾀하려는 '모험수'로 제멋대로 비트코인을 법정화폐로 선포하고 사용할 수도 있다. 안됐지만 해당 국가 경제는 더욱 혼란에 빠지고 만다. 암호화폐가 투기를 넘어 새로운 가능성이 있는 미래로 들어서려면 3기를 지나야 한다.

2기에도 암호화폐 결제를 활성화할 방안은 있다. 비트코인의 지난 10년 가격 변동성을 살펴보면 80% 이상 가격 폭락을 맞은 횟수가 3회다. 50% 이상 폭락한 횟수는 7~8회다. 단기간에 20~30%씩 상승하거나 폭락하는 상황은 일상적이다. 이처럼 변동폭이 큰 비트코인으로 자동차나 주택처럼 가격대가 높은 상품을 거래하는 것은 판매자나 구매자 둘 중 한쪽의 리스크가 매우 크다. 이런 이유로 현재는 비트코인 가치가 대폭락해도 크게 손해가 나지 않는 영역(증명서 발급 비용 등)에서만 시범 운용 중이다. 이 상황은 2기 내내 변하지 않을 것이다.

2기 내에 실물시장에서 비트코인 등 1세대 암호화폐 사용범위를 넓히는 방법이 하나 더 있다. 바로 환전 도구로만 사용하는 방법이다. 해외여행을 갈 때 국내 암호화폐 거래

소에서 원화를 비트코인으로 바꾸고, 해외 여행지에서 물건을 비트코인으로 결제하면 매장이 그 비트코인을 '즉시' 현지 통화로 환전하는 방식이다. 이 방식을 사용하면 상품 판매자 측면에서 일어나는 가격 변동성 리스크를 줄일 수 있다. 또한 화폐 환전이나 송금에서 발생하는 비용도 줄여준다. 단, 비트코인으로 상품을 구매하는 소비자는 비트코인으로 환전해 여행지에서 사용할 때까지 가격 변동성을 오롯이 감당해야 한다.

3기는 암호화폐와 관련해 글로벌 규제를 완료하는 단계다. 나는 암호화폐를 두고 글로벌 합의와 최종 규제안을 마련하는 시점을 미국, 유로존, 일본 등 기축통화국 중앙은행이 디지털 법정화폐인 CBDC 발행을 완료한 이후로 예측한다. 기축통화국이 디지털 법정화폐를 발행하면 대다수 선진국도 뒤따른다.

이때 각국 정부는 디지털 법정화폐를 어떻게 만들지, 어디까지 권한을 부여할지, 발행 이후 현존하는 종이돈 법정화폐를 동시에 유지할 것인지 등을 결정한다. 이 결정에 따라 중앙은행과 상업은행의 역할이 달라진다. 일단 디지털 법정화폐의 위치, 역할, 규모를 규정하면 그것에 맞춰 기존의 민간 암호화폐를 어디까지 규제하고 허락할지도 결정해야 한다.

암호화폐의 장점 중 하나는 지구상에서 원하는 곳은 어디든 마음대로 자산을 보낼 수 있다는 점이다. 그런데 세금을 걷어야 하는 정부 입장에서 이것은 반드시 규제해야 할 영역이다. 만약 암호화폐가 외환거래 수준의 정부 규제를 받는다면 이는 외환거래의 자유를 얻을 목적으로 투자한 투자자 관점에서 구매 매력이 떨어지므로 사용자 이탈 요소로 작용한다.

사용자가 대규모로 이탈할 경우, 해당 암호화폐 가격은 더 하락하고 금이나 다른 실물 통화와 연동해 거래하기가 힘들어진다. 결국 장부가치가 제로가 되거나 자본을 잠식당한 회사 주식 혹은 부도난 국가의 채권처럼 거래정지나 퇴출 대상이 되고 만다. 이런 움직임을 가장 먼저 보인 나라가 중국이다. 중국 중앙은행인 인민은행은 디지털 위안화를 발행했고 중국 공산당은 무소불위의 힘과 권력으로 시장의 저항을 짓누르고 비트코인을 비롯한 모든 암호화폐를 불법으로 규정해 퇴출시켰다.

7.
미래의 화폐시장을
예측한다

이쯤에서 한 가지 분명히 할 것이 있다. 나는 미래 화폐를 예측할 때 암호화폐의 자리가 명확히 존재한다고 생각한다. 강력한 암호화 기술을 기반으로 한 디지털화폐는 사라지지 않을 것이다. 화폐 역사를 돌아보면 위조 방지 기술이 가장 뛰어난 것, 휴대와 이동성이 뛰어난 것이 살아남았다. 조개나 소금 같은 실물화폐는 금속으로 만든 동전화폐 주조술에 밀려났고, 동전은 암호화 기술을 장착한 지폐 인쇄술에 밀려났으며, 종이화폐는 신용카드나 0과 1의 전자화폐 거래에 계속 밀리고 있다. 미래 화폐시장이 디지털 암호화 기술에 기반한 디지털화폐 혹은 가상화폐로 대전환하는 것은 '이미 정해진 미래'다. 그 모습을 예측한 것이 바로 암호화폐 4기다.

4기는 강력한 암호화 기술에 기반한 디지털화폐 혹은 가상화폐가 현재의 종이돈을 물리치고 지배적 위치에 올라서는 시대다. 먼저 지구상의 모든 국가에 정부가 발행하는 디지털 법정화폐가 생긴다. 이어 새로운 글로벌 규제안 아래 '2세대 암호화폐' 발행을 시작한다. 2세대 암호화폐도 법정화폐 지위를 얻을 가능성은 매우 낮다. 대신 투자상품을 넘어 대체통용화폐Representative Currency 지위는 얻을 수 있다.

대체통용화폐의 사전적 의미는 "금전 출납을 하지 않고 장부상의 대체에 따라 발휘하는 화폐 기능"이다. 대체통용화폐의 본래 목적은 법정화폐 경제가 붕괴하거나 제 기능을 수행할 수 없을 때, 법정화폐 자체가 원활하고 순탄하지 않을 때, 법정화폐를 대신하는 데 있다. 넓게는 각종 상품과 귀금속·보석 같은 현물도 포함하지만 통상 외화, 채권, 신용화폐, 상품권, 지역화폐 등을 가리키며 법정화폐를 보조해 경제금융시장의 화폐 유동성을 순탄하게 만드는 데 쓰인다.[11]

즉, 나는 글로벌 규제를 충족하는 2세대 암호화폐는 디지털 법정화폐를 보조해 실물시장과 금융시장의 화폐 유동성을 순탄하게 만드는 기능 중 일부를 담당할 거라고 예측한다. 드디어 암호화폐라는 말에 걸맞게 '화폐' 취급을 받는 시기다.

내가 예상하는 2세대 암호화폐 구성은 다음과 같다.

첫째, 비트코인을 비롯한 1세대 암호화폐 중 글로벌 규제를 거쳐 살아남은 것들이다. 3기를 거치면서 글로벌 규제를 통과하지 못한 1세대 암호화폐는 영원히 사라진다. 2023년 기준으로 암호화폐 종류는 수만 가지에 이른다. 3기를 지나면서 이들 중 99%가 사라질 것으로 보인다.

살아남은 1세대 암호화폐 1%는 가상자산 시장에서 완벽하게 자리를 잡고 안정적인 동시에 대체통용화폐 지위까지 얻어 장기간 생존할 수 있다. 살아남아 대체통용화폐 지위를 얻은 암호화폐는 3가지 특징을 갖춘다.

1) 가격변동이 (지금의 원/달러 환율처럼) '적정 수준'의 안정 구간에서 움직인다. 암호화폐 간의 거래나 암호화폐와 디지털 법정화폐 간의 거래 환율이 적정 가격선 근처에서 장기간 큰 변동성 없이 안정적으로 움직여야 화폐시장(외환거래 시장)에서 거래가 이뤄지기 때문이다.

2) 암호화폐가 규제를 충족해가는 과정에서 가격이 안정

선으로 회귀한 이후에도 이들은 일정 규모의 사용자를 보유한다. 이는 블록체인의 안정성과 연관이 있다.

3) 해당 암호화폐를 대규모로 보유한 주체들이 채굴이익을 크게 바라지 않고 화폐의 3가지 속성(교환의 매개, 가치 측정 척도, 가치 저장 수단)과 관련된 서비스를 제공하는 기반 구축과 유지에 중점을 둔다.

둘째, 글로벌 기업과 각국 대기업이 각기 자신의 네트워크를 기반으로 새로운 암호화폐 서비스를 시작한다. 그중 일부는 1세대 암호화폐처럼 '블록체인 네트워크'에만 기반을 둔다. 어떤 것은 금, 달러, 각국 법정화폐, 회사의 신용이나 주식, 회사가 판매하는 상품 등 상대적으로 안정적인 실물자산에 페그peg(고정, 연결)해 변동성이 적고 예측이 가능한 가격을 유지할 수 있다.

글로벌 기업이나 각국 대기업이 암호화폐를 자체 발행하는 이유는 분명하다. 새로운 자본조달 수단으로 유용하기 때문이다. 기업이 자본을 조달하는 방법에는 여러 가지가 있다. 주식과 채권 발행, 은행 대출이 대표적이다. 내가 NFT에서 예측한 것처럼 미래 기업은 자사가 발행한 NFT에 일정한 금융가치를 부여해 시장에 내다 팔고, 그것을 일정 기간 뒤 재구매해 회수하는 'NFT 채권' 시스템을 구축해서 새로운 형태로 자본을 조달할 수 있다.

암호화폐도 비슷하다. 현재 널리 사용하는 선물권, 상품권, 할인쿠폰, 마일리지 등을 암호화폐로 바꿔 발행할 수 있다. 가령 10만 원짜리 상품권은 해당 가격 상품으로만 교환할 수 있지만, 암호화폐 시장의 경우 디지털화폐의 장점과 암호화폐 거래 시장에서의 거래 가능성이라는 장점이 더해진다.

셋째, 현실세계 부동산과 각종 특이한 상품, 음악 저작권이나 메타버스 안의 디지털 상품처럼 여러 디지털 자산에 연동된 '자산 기반 증권화 토큰digital asset-backed securities'도 미래 디지털화폐 시장에서 일정한 영역을 차지한다. 토큰 거래 방식이 활성화하면 개인에게 큰 유익이 생긴다. 현재는 개인이 공개 자본시장에서 자본을 조달하는 것이 불가능하다. 미래에 자산 기반 증권화 토큰 거래 방식이 활성화하면 개인도 자기 소유의 유무형 자산을 '증권화 토큰'으로 만들어 공개시장에서 자본을 조달할 수 있다.

개인 소유 자산의 거래 편리성도 높아진다. 내 부동산 증권을 살 사람을 직접 찾아다닐 필요가 없고 매매를 맡길 중

개인도 필요 없다. 신뢰를 보증하는 서류 작성도 필요 없다. 익명성도 보장받는다.

놀라운 미래는
5차 산업혁명기부터

1.
인간의 뇌와 신체에
대변혁이 일어난다

4차 산업혁명기는 인간 주위에 있는 모든 사물이 지능을 지니고 정보를 교류하는 '정보지능혁명 시대'다. 나는 5차 산업혁명기는 인류 역사상 최초로 기술을 인간의 생물학적 뇌와 신체 발전에 직접 적용해 대변혁을 일으키는 '인간혁명 시대'가 될 것이라고 예상한다. 4차 산업혁명기가 인공지능과 인공지능 로봇 기술이 주도하는 시대라면 5차 산업혁명기는 바이오와 나노 기술이 주도하는 시대다.

물론 바이오와 나노 기술은 4차 산업혁명기에도 있다. 2022년 한국 대기업들은 총 600조 원을 투자해 바이오와 나노 분야에서 '미래 먹거리'를 찾는다는 계획을 발표했다.[1] 그러나 바이오와 나노 기술이 만개하는 시기는 5차 산업혁명기다. 바이오와 나노 기술은 5차 산업혁명기에 인간의 생물학적 뇌나 신체 기능 향상에 직접 적용해도 안전한 단계에 진입한다.

5차 산업혁명기에는 컴퓨터가 일상적 필요를 넘어 공기처럼 존재한다. 이른바 '앰비언트 컴퓨팅ambient computing' 시대다. 이는 컴퓨터가 다양한 사물에 완전히 스며들어 마치 공기처럼 존재하는 세상을 말한다.[2] 이러한 기술 덕택에 인간의 두뇌와 신체는 비약적으로 도약한다. 현재 스포츠계에서는 운동선수가 기록 향상을 위해 불법 약물이나 스테로이드 성분의 호르몬제를 복용해 근력 증진을 꾀하는 것을 금지한다. 경쟁의 공정성을 해칠 뿐 아니라 부작용이 심해 운동선수의 건강에도 치명적이기 때문이다. 그렇지만 5차 산업혁명기에 만개하는 바이오와 나노 기술을 사용하면 인간의 건강에 해를 주지 않고도 두뇌와 신체의 생물학적 역량을 비약적으로 증강할 수 있다.

나는 5차 산업혁명기에 인간 두뇌와 신체의 비약적 도약을 가장 먼저 적용하는 대상은 '군인'일 것이라고 예상한다. 두뇌와 신체를 비약적으로 증강한 미래 용사를 나는 '니므롯נמרד, Nimrod'이라 부른다. 니므롯은 성경에 나오는 전설적 용사다. 《창세기》는 니므롯을 이렇게 묘사한다.

> 구스가 또 니므롯을 낳았으니 그는 세상에 첫 용사라. 그
> 가 여호와 앞에서 용감한 사냥꾼이 되었으므로 속담에 이
> 르기를 아무는 여호와 앞에 니므롯 같이 용감한 사냥꾼이
> 로다 하더라. 그의 나라는 시날 땅의 바벨과 에렉과 악갓
> 과 갈레에서 시작되었으며 그가 그 땅에서 앗수르로 나아
> 가 니느웨와 르호보딜과 갈라와 및 니느웨와 갈라 사이의
> 레센을 건설하였으니 이는 큰 성읍이라(창10:8~12).

전설적 용사 니므롯은 인류 역사에 기록된 최초의 정복자
다. 대홍수 이후 등장한 니므롯은 바빌론의 시조로 용감한
사냥꾼, 영웅호걸, 전능한 용사라 불렸고 아수르 제국의 기
초가 된 도시 4곳(니느웨, 르호보딜, 갈라, 레센)을 건설한 왕이었
다. 그가 세운 제국은 바벨·에렉·악갓·갈레를 비롯해 아수
르의 니느웨, 르호보딜, 갈라, 레센 등 시날 땅의 남부 메소
포타미아에서 북부 메소포타미아까지 이르렀다. 이스라엘
의 전승에 따르면 그는 바벨탑을 세운 사람이기도 하다.

2.
캡틴 아메리카,
슈퍼군인이 탄생한다

영화 〈퍼스트 어벤저〉에 나오는 '캡틴 아메리카'는 깡마른 남성이다. 그는 특수 혈청주사를 맞고 인간의 10배가 넘는 근력과 체력을 강화한 슈퍼솔저로 재탄생한다. 5차 산업혁명기에는 바이오와 나노 기술 만개로 캡틴 아메리카처럼 '전능한' 능력이 있는 슈퍼군인 등장이 현실화한다. 이 슈퍼군인으로 구성한 특수작전 부대도 만들 수 있다.

이들은 바이오와 나노 기술로 눈, 귀, 손, 발, 뇌 등 주요 장기와 신체를 캡틴 아메리카처럼 증강하고 신체 일부를 사이보그 장치로 교체할 수도 있다. 또한 뇌는 인공지능 전투 봇bot과 연결하고 몸에는 아이언맨처럼 로봇 슈트suit를 착용한다. 이는 공상이 아니다.

2020년 12월 프랑스 군 윤리위원회는 인류의 미래를 바꿀 개발 계획 하나를 공식 승인했다. 각종 이식 기술과 생체 공학에 기반해서 자국 군대를 위해 신체, 인지, 지각, 심리 측면에서 능력이 월등한 강화군인Enhanced soldiers을 개발하는 '생체공학 군인Bionic soldiers 프로젝트'가 그것이다.

이 프로젝트에 담긴 개발 내용은 크게 3가지다. 우선 군인이 전투 현장에서 겪는 고통, 스트레스, 졸음, 피로 등에 저항성을 강화하는 기술이다. 그다음으로 청력과 시력을 크게 높이는 약물, 위치추적, 통신장비 없이 병사 간 네트워킹이 가능한 기술이다. 마지막으로 마이크로칩을 뇌에 이식해 전투에 필요한 지능을 높이는 기술이다.

생체공학 군인 프로젝트는 인간의 의지, 인식, 인간성에 영향을 미치는 유전자 개조는 금지하고 있다. 그러나 선진국 사이에 생체공학 군인 개발 경쟁이 치열해지면 유전자 개조까지 시도할 가능성이 크다. 실제로 미국은 나노 기술로 만든 인공 적혈구로 신체 능력을 높이는 기술, 수면을 참는 유전자 변형 기술을 개발하고 있다. 2022년 미국 펜실베이니아대학교 생물학과 연구팀은 운동 능력을 높이는 장내 박테리아(미생물) 2종을 발견했다.[3]

중국은 유전자 편집 기술을 사용해 인간의 생물학적 신체 능력을 강화하는 연구를 진행 중이라는 의혹을 가장 많이 받는 나라다. 2020년 3월 미국 정보기관을 총괄하는 국가정보국DNI의 존 랫클리프 국장은 〈월스트리트저널〉에 기고한 글에서 중국 정부의 '슈퍼솔저 프로젝트'에는 인민해방군 병사들에게 비윤리적 인체실험을 허가하는 내용이 담겨

있다고 폭로했다. 중국 외교당국은 즉각 거짓말이라고 반박했으나 의심의 눈초리는 걷히지 않고 있다.[4]

바이오와 나노 기술로 탄생한 생체공학 군인은 미래 용사 니므롯 군대를 구성하고 '인공지능을 탑재한 로봇 군대'와 함께 선진국들의 강력한 병기로 부상할 것이다. 니므롯 군대는 가상과 현실 세계 전투를 동시에 수행할 수 있다.

가상세계에서는 각종 전투용 인공지능 알고리즘 부대를 지휘해 적진의 도시 인프라, 은행, 산업체, 공공기관은 물론 가스와 핵 발전소 등의 전력시설 소프트웨어 시스템을 공격한다. 이와 함께 나노 로봇 군대를 하드웨어 시스템에 투입해 적의 기지나 공공기관의 핵심 시스템을 파괴한다.

현실세계의 경우 하늘에서는 드론 부대, 지상에서는 인공지능을 장착한 휴머노이드 로봇·로봇 개·자율주행 전차·거대 로봇 병기, 바다에서는 인공지능에 기반한 전자동 자율주행 군함 등이 공동 작전을 벌인다. 불가능한 미래가 아니다. 2019년 10월 미국 버지니아주 월롭스 아일랜드에서 해병대가 '바다의 폭도Sea Mob'라는 로봇 보트를 공개했다. 미 해병대는 로봇 보트 6척이 서로 거리와 속도를 조정하면서 돌진하며 해안에 숨어 있는 적을 탐지하고 구경 0.5인치

(1.27cm) 기관총으로 공격하는 훈련에 성공했다.

2020년 11월 미 공군은 로봇 개를 틴달 기지의 방어 임무에 배치했다. 같은 해 12월 캘리포니아주 공군기지에서는 인공지능 알투뮤ARTUμ가 유투U-2 정찰기 부조종사 역할을 수행하는 데 성공했다. 알투뮤는 알파고를 개발한 딥마인드DeepMind가 오픈소스로 공개한 알고리즘 뮤제로μZero를 기반으로 만든 전투용 인공지능이다.[5]

2021년 6월 미국 UC 버클리 캠퍼스 연구진은 바퀴벌레를 닮은 우표 크기의 소형 로봇을 개발했다. 이 로봇은 총 120cm 길이의 구불구불한 미로를 5.6초 만에 이동한다. 이는 초당 20cm 이상 이동하는 속도로 실제 바퀴벌레 속도와 비슷하다. 특히 무게 54kg으로 짓눌러도 부서지지 않는다.[6]

미국은 드론 전투병, 웨어러블 컴퓨터와 입는 로봇wearable robot으로 무장한 군인, 휴머노이드 군인을 차례로 실전 배치하는 중이다. 이들은 2030년까지 무기의 33%를 로봇으로 대체할 계획을 세웠다. 전 세계 곳곳에서 발생하는 전쟁에 로봇을 파병해 여론을 다스리고 미래형 군수산업의 새로운 지평을 열 속셈이다.

현재 미국의 록히드 마틴과 레이시온, 중국의 중국항공공

업그룹AVIC과 중국항천과기집단CASC, 이스라엘의 IAI와 라파엘, 터키의 STM 등 군수업체 30개가 킬러 로봇을 개발·생산하고 있다.[7] 2019년 한국 육군도 '한계를 넘어서는 초일류 육군'이란 미래비전 2030을 발표하면서 드론봇 전투체계 완성 계획을 제시했다. 그 밖에 워리어 플랫폼, 생체의학과 뇌과학 기술을 군 전력에 도입하는 부분도 언급했다.[8]

3.
뇌를 고쳐서
쓴다

미 국방부 산하 연구기관 방위고등연구계획국DARPA은 프랑스보다 몇 년 앞서서 군인 뇌에 마이크로칩을 심는 기술 실험을 시작했다. 인간의 뇌에 마이크로칩을 심어 컴퓨터나 로봇을 조작하는 능력을 획득하기 위해서다.

미국의 민간기업들도 비슷한 연구를 진행 중이다. 가령 테슬라 회장 일론 머스크가 투자한 회사 뉴럴링크는 '통합 뇌-기계 인터페이스 플랫폼Integrated brain-machine interface platform 프로젝트'를 진행하고 있다. 뉴럴링크는 돼지와 원숭이의 뇌에 지름 23mm×8mm 동전 모양의 칩 '링크 0.9'를 심어 2개월 동안 뇌파 신호를 초당 10메가비트 속도로 무선 전송함으로써 생각만으로 간단한 게임을 즐기는 실험에

성공했다. 뉴럴링크는 인간의 생각을 읽고 뇌파로 소통하는 기술 획득을 목표로 삼고 있다.[9]

이러한 기술은 시각·청각·촉각 등 감각이 마비된 환자와 퇴행성 질환자를 돕는 것을 우선시하지만 군인 뇌에 이식하면 생각만으로 드론이나 공격용 로봇, 사이버 방어와 공격 시스템을 조종하는 일이 가능해진다.

레이 커즈와일은 《특이점이 온다》라는 저서로 유명한 전문 미래학자이자 세계적인 빅테크 기업 구글의 이사다. 그는 2030년 무렵이면 뇌-기계 인터페이스 기술이 인간의 뇌를 인공지능과 연결하는 수준에 이를 거라고 예상한다. 인간의 뇌를 인공지능과 직접 연결하면 인간의 지능은 비약적으로 높아진다. 여기에다 위성통신 기술까지 활용할 경우 전 세계 모든 곳에 있는 인공지능 로봇을 마음대로 조작할 수 있다.[10] 놀라운 미래다.

하지만 뇌-기계 인터페이스 기술은 5차 산업혁명기에 만개할 바이오와 나노 기술로 인간의 뇌를 고쳐 쓰는 서비스에 비하면 아무것도 아니다. 미국 텍사스 휴스턴에 있는 라이스대학교의 나노공학자 제임스 투어는 나노 기술의 미래가 우리 삶에 어떤 변혁을 일으킬지 상상하게 하는 놀라운 기술을 개발했다. 그가 개발한 놀라운 제품은 '자기조립self-assembly이 가능한 나노 자동차Nanocar'다. 이 자동차는 자기 조립이 가능한 분자들이 버키볼이라는 바퀴를 달고 스스로 움직이면서 반도체 회로를 구축한다.[11]

제임스 투어 연구팀은 이 기술을 응용하면 뇌혈관 속을 돌아다니며 약을 운반하거나 수술이 가능한 분자 크기의 자동차를 만들 수 있을 것으로 전망했다. 분자 자동차에는 더 작은 나노 로봇 함대를 실을 수 있다. 뇌의 특정 공간에 도착해 분자 자동차에서 내린 나노 로봇들은 뇌의 특정 부위만 반복해서 돌아다니며 질병을 감시하고 암세포나 치매를 유발하는 단백질을 제거하며 손상된 혈관을 고치는 약을 주입한다.[12]

나노 로봇이 줄기세포를 장착하고 뇌 안을 돌아다니며 손상된 뇌세포를 재생시킬 수도 있다. 2017년 전남대학교 한국마이크로의료로봇연구원 박종오 박사팀이 개발한 마이크로 로봇을 보자. 스스로 분해되는 폴리머와 젤라틴을 결합해 만든 이 로봇은 외부에서 자기장으로 제어할 수 있도록 표면에 자성 나노 입자를 부착했다. 박종오 박사팀은 나노 로봇에 줄기세포를 주입해 신체의 손상 부위에 주사했다. 그 결과 목적지에 도착한 마이크로 로봇은 스스로 분해되어 사라지고 줄기세포만 남아 원하는 세포를 분화하는 데 성공했다.[13]

5차 산업혁명기에는 나노 로봇이 강한 인공지능과 연결되어 학습 능력까지 갖춘다. 그러면 나노 로봇이 뇌혈관 속을 돌아다니며 스스로 학습해 가장 적절한 치료 방법과 타이밍을 찾는 능력까지 선보일 수 있다.

5차 산업혁명기에 만개하는 나노 기술은 자기복제가 가능한 2세대 기계 단백질이나 인공 유전자를 만드는 수준에 도달할 수 있다.[14] 뇌 작동에 관여하는 각종 호르몬과 효소는 단백질이다. 아주 작은 생물학적 기계처럼 작동하는 단백질에는 독특한 특성이 하나 있다. 바로 온도가 내려가면 얼고 올라가면 익어버리는 특성이다.

미국 스크립스 연구소의 플로이드 롬스버그 박사팀은 이러한 특징을 이용해 인공 나노 단백질 기계를 만들었다. 먼저 단백질보다 단단하고 견고한 물질로 인공 염기 2가지(X, Y)를 제작했다. 이어 이것을 실제 생명체에 존재하는 염기 4가지(아데닌, 티민, 구아닌, 시토신)와 섞어 인공 DNA를 만든 뒤 대장균 세포를 숙주로 활용해 복제하는 데 성공했다.[15]

5차 산업혁명기에는 뇌경색이 일어나 뇌세포가 죽어도 인공 단백질을 만들어 뇌를 고쳐 쓰는 길이 열린다.

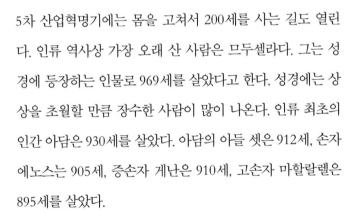

4.
몸을 고쳐서
200세를 산다

5차 산업혁명기에는 몸을 고쳐서 200세를 사는 길도 열린다. 인류 역사상 가장 오래 산 사람은 므두셀라다. 그는 성경에 등장하는 인물로 969세를 살았다고 한다. 성경에는 상상을 초월할 만큼 장수한 사람이 많이 나온다. 인류 최초의 인간 아담은 930세를 살았다. 아담의 아들 셋은 912세, 손자 에노스는 905세, 증손자 게난은 910세, 고손자 마할랄렐은 895세를 살았다.

 한때는 인간의 평균 수명이 19~21세까지 낮아지기도 했다. B.C 8세기 고대 그리스 시대에는 인간의 평균 수명이 19세, 페스트가 창궐한 14~15세기 유럽의 평균 수명은 21세였다. 삶이 안정되기 시작한 17~20세기 초에는 유럽의 평균 수명이 45~65세까지 늘어났다. 20세기 중반 대규모 전쟁이 멈추고 백신과 다양한 치료약을 개발하면서 영국과 미국 등 선진국의 평균 수명은 75세까지 증가했다.

한국인의 수명은 어떠했을까? 고려시대 왕 34명의 평균 수명은 42.3세였다. 조선시대 왕의 평균 수명은 46.1세로 일반 남성의 평균 수명 35세보다 11.1세 높았다. 조선시대 최고 장수한 왕은 영조로 83세까지 살았다.[16] 일제강점기 (1925~1930년) 한국인 평균 수명은 37.4세였다. 이후 1950년 47.9세, 1960년 51.2세, 1980년 65세, 2000년 75세, 2015년 81.2세로 꾸준히 증가했다.[17] 2020년 한국인 남자의 평균 수명은 80.5세, 여자는 86.5세다.

현대 인류가 최고 수명 120세, 평균 수명 80세를 회복하는 데 걸린 시간은 대략 3,800년이다. 인류 역사에서 인간의 최고 수명과 평균 수명은 변화무쌍했다. 그렇지만 인간이 할 수 있는 일은 별로 없었다. 전쟁으로 서로를 죽이는 것을 멈추고 건강관리를 잘하는 정도였다. 건강관리를 잘해도 자신의 수명을 스스로 늘릴 수는 없었다.

5차 산업혁명기에는 그렇지 않다. 인류 역사상 최초로 인간은 자신의 수명을 스스로 늘릴 수 있다. 내 분석에 따르면 질병 극복 기술 발전 속도는 매년 2배씩 빨라지고 있다.

4차 산업혁명기에는 스마트폰, 웨어러블 컴퓨터, 빅데이터 분석 기술, 인공지능, 통신 기술, 진단 센서, 유전자 분석 기술을 결합해 개인화한 질병 진단 서비스의 대중화가 시작된다. 헬스케어 산업이 발전하면서 먹는 음식부터 운동까지 코칭을 받고 담당 의사나 생명보험사에 데이터를 보내 세밀한 건강관리를 쉽게 받는 시대가 열린다. 또한 양자컴퓨터와 유전자공학 발전으로 '전장 유전체 분석Whole Genome Sequencing, WGS' 서비스가 등장해 수천 가지 질병 가능성을 확률로 예측하고 암세포 예방과 치료에 맞춤형으로 대응한다.

인공지능과 결합한 '생각하는 3~4D 프린터'를 이용해 맞춤형 장기도 제작한다. 4차원 가상세계에 기반한 전 세계 의사들의 협업 수술, 유전자 가위를 사용한 유전자 치료 기술, 줄기세포로 배양한 장기로 자가 생체 이식을 하는 것도 가능해진다. 천차만별인 유전인자의 개별성을 반영해 맞춤형 의약품을 연구하는 약물유전체학Pharmacogenomics 수준도 매우 높아진다. 그 결과 개인에게 질병이 생기면 분자 단위로 변화를 추적해 가장 적절한 표적 치료제, 맞춤형 운동, 식이요법 등으로 대응하는 정밀 의학과 정밀 헬스케어 시

대가 열린다.[18]

5차 산업혁명기에는 양자컴퓨터와 강한 인공지능이 만나면서 특정 단백질의 기동 방식 이해 속도가 급격히 빨라진다. 특히 DNA 염기 서열의 특정 서열을 제거, 수정, 삽입하는 유전자 교정Gene editing 안정성이 매우 높아진다.

유전자 가위 기술도 지금보다 몇 세대 더 발전해 단 몇 분 만에 유전자를 교정한다. 유전자 가위 기술의 치명적 단점인 멀쩡한 유전자까지 잘라 심각한 돌연변이를 유발하는 '표적 이탈Target-off' 비율은 1,000만분의 1 이하로 낮아진다. 몇 세대 발전한 유전자 가위를 활용하면 면역 거부반응 유전자를 제거한 형질전환 복제 장기를 공급할 수 있다.[19] 인체가 인슐린을 자체 생산하지 못하는 제1형 당뇨(소아당뇨)와 제2형 당뇨, 근육 위축, 신진대사 관련 질병 등도 예방과 완치가 가능해진다.

나노 기술도 놀라운 수준에 이른다. 우선 당뇨, 유방암, 간질 등 각종 질병을 감지하는 분자 스캐너가 대중화한다. 박테리아와 약물을 결합해 대장암, 유방암, 위암, 간암 등을 진단하고 치료하는 의료용 나노 로봇도 마찬가지다. 나노 로봇이 혈관 속을 돌아다니며 각종 뇌신경질환, 치매, 신경퇴

행성 질환 등을 손쉽게 치료하는 길도 열린다.[20]

5차 산업혁명기에는 '헤이플릭 분열한계Hayflick Limit'를 돌파하는 기술도 등장한다. 헤이플릭 분열한계란 일정 시간이 지나면 세포분열 능력을 상실하는 것을 말한다. 인간의 세포가 50회 정도 분열한 후 죽는다는 사실을 처음 발견한 미국 과학자 헤이플릭의 이름을 딴 명칭이다. 이 기술 서비스를 시작하면 100세 죽음은 아쉬운 죽음, 건강 수명은 120~150세, 장수 수명은 200세가 된다.

헤이플릭 분열한계를 돌파하는 기술은 다양하다. 우선 인간 유전자 21번 염색체 속에 있는 슈퍼옥사이드디스뮤타제SOD, 카탈라아제, 글루타티온, 페록시다아제 등의 효소를 활용해 노화의 원인 중 하나인 활성산소superoxide 내전자를 제거하여 DNA 피해를 줄일 수 있다. 텔로머레이스Telomerase(염색체를 보호하는 효소. 텔로미어 단축을 지연함)를 주입해 노화와 연관된 단백질 성분의 핵산 서열인 텔로미어Telomere를 안전하게 늘릴 수도 있다.

노화 세포만 골라 죽이는 물질 세놀리틱senolytic을 발견하는 데 성공하면 세포 자체의 노화를 늦추는 기술이 가능하다.[21] 알츠하이머, 동맥경화, 심근경색, 뇌경색 등 노인성 질병에 강한 면역 유전자를 강화하는 서비스도 등장한다. 장수 유전자를 활성화해 손상된 DNA 복구 과정에 관여하게 하고 세포핵과 미토콘드리아 간의 의사소통을 활발하게 만들 수도 있다. 면역세포 일탈과 관련된 호르몬을 억제해 뇌의 노화 속도를 늦추는 의료 서비스도 가능하다.[22]

로봇 기술을 이용해 몸도 고친다. 가령 인공 전자 망막Neuroprosthetic Device, 인공지능 로봇 손과 발 등을 몸에 이식하는 사이보그 기술을 활용할 수 있다. 인공지능 기술, 양자컴퓨팅 기술, 무선통신 기술 등의 발전으로 귀·눈·피부·뇌 속에 아주 작은 컴퓨터나 나노 로봇을 삽입해 인간의 신체 능력을 강화할 수도 있다.

인공지능이 기능을 높인 기계와 나노 로봇을 인간의 몸에 이식하면 인간은 더 멀리, 더 강하게, 더 빨리 가는 능력을 얻는다. 이를테면 장애인은 정상인처럼 살고 비장애인은 신체 능력을 새로운 차원으로 끌어올리는 슈퍼 휴먼의 길이 열린다.

몸에 기계를 삽입하는 기술에 따른 면역 부작용, 예상치 못한 생체학상의 부작용, 정서적 반발 등 다양한 위험을 염려한다면 다른 방법도 있다. 입는 로봇이나 외골격 로봇exoskeleton robot 기술을 이용해 신체의 한계를 극복할 수도 있다. 이 기술은 4차 산업혁명기에도 등장한다. 2014년 6월 12일 브라질 월드컵 개막식에서 시축한 사람은 하반신 마비 장애인 줄리아노 핀토다. 브라질의 뇌신경 과학자 미국 듀크대학교 미겔 니코렐리스 교수팀이 만든 외골격 로봇을 입고 일으킨 기적이었다.[23]

5차 산업혁명기에는 입는 로봇이나 외골격 로봇이 탄소 나노 섬유 같은 신소재, 인공 근육, 강한 인공지능과 로봇 기술 등을 종합한 형태로 발전한다. 아마도 5차 산업혁명기에는 길거리마다 이런 광고 문구가 즐비할 것이다.

'200세를 사는 기술을 사세요'

'당신의 몸, 얼마든지 고쳐 사용할 수 있습니다'

'안전한 장기이식으로 질병과 장애 없이 젊은이 못지않은 신체 능력을 회복하세요'

'강력한 힘, 지구력, 운동 능력, 숙취 해독력을 갖춘 완벽한 몸을 사세요'

'원하는 몸과 뇌의 모습이 무엇인가요? 맞춤형 신체 설계를 의뢰하세요'

5.
당신의 정신이 인터넷에서
영원히 산다

내가 예측하는 5차 산업혁명기에 등장할 변혁 중 가장 놀라운 것은 당신의 정신이 인터넷에서 영원히 살게 하는 기술이다. 이른바 디지털 영생Digital eternal life이다. 결코 황당한 예측이 아니다. 2013년 6월 미국 뉴욕 '글로벌 퓨처 2045 회의'에 모인 학자들은 인간이 사망한 뒤 정신만이라도 살려두는 기술을 논의했다. 이 회의에서 논의한 기술은 인간의 뇌 안에 저장된 데이터를 컴퓨터로 전송해 홀로그램 가상신체와 연결하는 방법이었다.

내가 볼 때 인간의 정신을 디지털로 변환한 다음 인터넷 아바타나 홀로그램 가상신체와 연결해서 영생 효과를 내려면 먼저 가상자아Cyber Ego를 만들어야 한다.

5차 산업혁명기에 들어서면 가상자아를 만드는 기술이 속속 등장한다.

예를 들면 정밀한 3차원 뇌지도 구축 기술인 커넥톰, 뇌 신경망을 정밀 촬영하는 고해상 스캐너, 고도의 이미지 분석 기술, '전뇌 에뮬레이션whole brain emulation 기술'이 가능하게 하는 가상 시뮬레이션 알고리즘, 뇌 신경연산 구조를 수행할 만큼 강력한 컴퓨터 등이 있다. 이러한 기술이 발전하면 당신의 뇌 신경망 구조와 그 안에 담긴 기억 정보, 각종 선택과 행동 패턴, 자의식 정보 등을 디지털로 복원해 컴퓨터 알고리즘으로 만들 수 있다.

미래는 갑자기 오지 않는다. 다가올 미래 가능성은 이미 현재에 시작된다. 2013년 독일 울리히 신경의학연구소 카트린 아문트 박사팀은 10년의 연구 끝에 뇌 조직을 $1\mu m$ (1,000분의 1mm) 단위까지 볼 수 있는 3D 뇌지도 '빅 브레인Big Brain' 제작에 성공했다.

전뇌 에뮬레이션은 뇌 업로딩 기술이라 불리기도 한다. 일단 인간의 뇌를 유리 같은 비정질 상태로 고형화하는 유리화vitrification 단계를 거친다. 이어 뉴런 네트워크를 3차원 이미지로 상세하게 스캔해 신경연산 구조 자료를 구축한 뒤 소프트웨어 모형으로 정밀하게 만든다. 2014년 오픈 웜OpenWorm 프로젝트 그룹은 뉴런 302개가 있는 예쁜꼬 마선충Caenorhabditis elegans의 뇌 신경망 시뮬레이션을 완성 했다.

5차 산업혁명기에는 단순 유기체 에뮬레이션을 넘어 무 척추동물과 소형 포유류, 대형 포유류 에뮬레이션을 거쳐 인간의 뇌 에뮬레이션까지 도달한다. 커넥톰 지도는 게놈 지도처럼 인간이 아직 이해하지 못하는 언어로 쓰인 방대 한 책과 같다. 그러나 5차 산업혁명기에 일상화하는 양자컴 퓨터의 강한 인공지능은 인간 뇌 배선도(커넥톰)의 의미 해 독을 완료할 수 있다.

5차 산업혁명기에 당신의 정신이 인터넷에서 영원히 살 게 하는 또 다른 방법도 있다. 지금보다 몇백 배 강력해진 인공지능과 결합한 아바타를 당신이 살아있는 동안 '당신을 똑같이 닮게' 만들면 된다. 뉴질랜드 오클랜드에 있는 회사 소울 머신스Soul Machines는 디지털 의식을 만드는 방법을 알 기 위해 '베이비 엑스Baby-X'라는 유아 실물 시뮬레이션 인 공지능을 개발 중이다.

베이비 엑스의 시각을 담당하는 웹카메라는 외부 상황을

인지한다. 청각을 담당하는 마이크는 외부 소리를 듣고 사람이나 동물과 상호작용하면서 물체 인식object recognition을 배운다. 인간 아기가 지속적인 노출과 반복으로 세상을 배우는 것과 똑같다.

베이비 엑스는 그렇게 학습한 내용을 실시간으로 가상 인공 뇌 신경망에 입력한다. 소울 머신스의 CEO이자 수석 개발자인 마크 사가는 가상 신경전달물질과 호르몬까지 만들어 겁을 주면 스트레스 호르몬을 분비하는 '스트레스 학습 시스템'까지 만들었다.[24]

5차 산업혁명기에는 어머니 뱃속에서 아이의 심장이 뛰고 뇌가 형성되는 순간부터 아이가 자라면서 읽은 책 내용, 대화 기록, 이메일, 살면서 느끼는 감정 정보까지 실시간으로 디지털화해 저장하는 기술도 등장한다. 당신의 뇌 신피질에 저장된 정보보다 더 많은 기억 정보를 디지털 세계에 저장할 수 있다. 일명 전자 기억이다.

디지털화한 당신의 전자 기억을 강한 인공지능이 학습하면 그것에 기반한 생각, 감정, 행동 패턴 등을 학습한 알고리즘을 만들 수 있다. 이러한 기억과 알고리즘은 '가상자아'를 만들어 당신이 죽은 이후에도 영원히 가상세계에 살면

서 살아있는 당신의 가족, 후손, 친구와 '당신처럼' 대화할
수 있다.

일, 직장, 인재의 변화

1.
로봇과 인간이
공존하는 미래

옛날 장터에 가면 이야기꾼이 있었다. 라디오가 보급되면서 사람들은 더 이상 장터 이야기꾼을 찾지 않았다. 이야기꾼의 종말이 오는 듯했다. 하지만 이야기꾼이라는 직업은 사라지지 않았다. 옛날 장터에서 사람들의 귀를 즐겁게 해주던 이야기꾼은 라디오 방송국으로 자리를 옮겨 다른 방식으로 사람들을 즐겁게 해주었다. TV가 등장하면서 사람들은 라디오 종말을 예견했다. 라디오 역시 죽지 않았다. 자동차 보급과 콘텐츠 증가가 라디오를 살렸다.

지금 인공지능과 로봇이 인간의 일자리를 없앨 것이라는 공포가 크다. 나는 그런 미래는 과도기에 발생하는 일시적 현상에 불과하다고 예측한다. 내가 예상하는 미래는 인공지능 로봇과 인간이 공존하는 세상이다. 비록 인간이 좀 더 변화하는 수고는 해야겠지만 인간은 변화한 새로운 환경에서 새로운 도전자와 공존할 방법을 찾아낼 것이다.

2차 산업혁명이 불타오르던 시절 영국 직물 노동자들은 직물기 발명가 집에 불을 질렀다. 이른바 '러다이트 운동'이다. 범선을 몰던 독일 선원들은 증기선에 올라 모래를 뿌렸다. 자동차가 발명되자 영국 의회는 적기법(붉은 깃발법Red Flag Act)을 만들어 마차업계를 보호하려 했다. 모두 실패했다. 생존한 사람, 더 큰 기회를 얻은 사람은 '공존'을 생각한 이들이다. 공존을 목표로 변화를 모색한 사람들은 상생win-win을 넘어 과거보다 더 잘살게 되었다.

4차 산업혁명기를 살아가는 인간은 인공지능, 인공지능 로봇과의 경쟁을 피할 수 없다. 인공지능과 인공지능 로봇에 대항하는 사람은 도태된다. 오히려 인공지능, 인공지능 로봇과 공존하고 협력하는 사람이 인재가 된다. 경쟁 관계나 적대 관계를 협력 관계 혹은 공존 관계로 전환하는 미래는 얼마든지 가능하다. 인공지능과 인공지능 로봇을 동맹하고 협력하고 활용하는 대상으로 받아들이면 굉장히 든든한 동지 혹은 동업자가 될 수 있다.

공존이란 인공지능 로봇과 '함께' 일하거나 현재 하는 일을 인공지능 로봇에게 넘기고 인간은 '새로운 일'을 하는 것을 말한다. 여기서 새로운 일은 다른 사람의 일을 빼앗는다는 의미가 아니다. 인공지능 로봇의 능력을 활용해 과거에 할 수 없던 일을 하는 것을 뜻한다. 당신이 지금 하는 일은 100년 전 한국인이 전혀 할 수 없던 일이었다는 사실을 기억하라.

당신이 그런 일을 할 수 있는 이유는 간단하다. 1~3차 산업혁명기에 쏟아져 나온 새로운 기술과 제품을 활용한 덕택이다. 신기술과 신제품은 과거에 천재나 하던 일을 보통 사람의 일로 바꿔놓고 초인간적 영역의 일도 개척하게 해주었다.

이런 현상은 4차 산업혁명기에도 일어난다. 인공지능은 현재 인간의 성장과 발전을 가로막는 수많은 장벽을 쉽게 뛰어넘도록 해주는 놀라운 도구다. 인공지능 기술을 잘 활용하면 '능력을 높인 개인'으로 진화한다. 예를 들어 인공지능 알파고가 나온 뒤 인간 바둑기사는 인공지능을 스승으로 두고 있는데, 덕분에 기력 향상 속도가 굉장히 빨라졌다.

4차 산업혁명기에 인간은 로봇을 닮아가고 로봇은 인간

을 닮아간다. 로봇의 사전적 의미를 보면 '사람과 유사한 모습과 기능을 갖춘 기계' 혹은 '스스로 작업하는 능력이 있는 기계'다. 인간은 고대 이집트 때부터 로봇과 함께 일하는 세상을 꿈꿨다. 이집트에는 왕실 남자들이 사제들 앞을 지나가면 관절이 있는 아문 신상이 팔을 뻗쳐 새 왕이 될 사람을 큰 소리로 지목하는 종교적 쇼가 있었다. 이는 사제들이 뒤에서 아문 신상을 조종하는 것이었지만 백성에게 주는 신비감과 종교적 상징감은 매우 컸다.[1]

16세기 최고의 천재 레오나르도 다빈치도 인체 해부학 연구를 기반으로 인간의 기계적 등치물을 설계했다. '휴머노이드 로봇'을 최초로 구상한 인물이 다빈치다. 1883년 이탈리아 작가 카를로 콜로디는 로봇에서 영감을 받아《피노키오의 모험Le adventure di Pinocchio》을 저술했다. 1900년 미국 동화작가 라이먼 프랭크 바움은 주인공 도로시를 돕는 양철 나무꾼이 등장하는 소설《오즈의 마법사The Wonderful Wizard of Oz》를 썼다.

1920년 체코슬로바키아의 극작가 카렐 차페크는 자신의 회곡《R.U.R 로줌 유니버설 로봇R.U.R. Rossum's Universal Robots》에서 체코슬로바키아어로 '일하다'라는 뜻인 rob의

명사형 robota에서 'a'를 빼고 인간을 대신해 일하는 기계라는 뜻으로 'robot'을 공식 사용했다.

할리우드 영화계는 인간과 함께 살면서 인간을 돕는 로봇부터 인간과 대결하는 로봇까지 다양한 상상력을 발휘한다. 1963년 일본의 전설적인 만화 작가 데즈카 오사무는 인간의 친구이자 보호자 로봇인 '우주소년 아톰'을 선보였다. 중국에서는 로봇을 사람을 닮은 기계라는 뜻으로 '기축인간機軸人間'이라 불렀다.[2] 한국에서도 만화에 다양한 로봇이 등장했다.

4차 산업혁명기는 로봇이 인간의 상상에서 벗어나 가정, 사무실, 일터에서 공존하는 미래다. 2021년 현대차는 자율주행 기능이 있는 로봇 개 '아틀라스'를 개발한 미국 보스턴 다이내믹스Boston Dynamics를 인수하면서 세계의 주목을 받았다. LG전자는 로봇산업을 미래 주력산업으로 삼았고 네이버, 아마존, 삼성전자는 미래 가정에서 사용할 인공지능 집사 로봇 시장에 대비해 가정용 로봇과 반려 로봇 등을 개발 중이다.

일본 회사 믹시Mixi가 판매하는 대화형 로봇 '로미Romi'는 인공지능 기술로 수천만 건에 달하는 일본어 데이터를 학

습했고, 사람의 목소리도 훈련해 사람과 상호작용하며 자연스럽게 대화하는 수준에 이르렀다.[3]

2.
로봇 대중화
사회

나는 초거대 인공지능과 인공지능을 탑재한 로봇 등이 대중화하면 다음과 같은 일에서 인간의 새로운 역할이 생길 것으로 예측한다.

첫째, 초거대 인공지능, 인공지능 로봇을 비서나 조수로 활용해 현재 자신이 하는 일의 노동 생산성을 높인다. 인간의 전략과 인공지능 컴퓨터의 전술적 예리함, 속도 그리고 로봇의 강력한 힘이 결합해 압도적 힘을 발휘하는 영역도 여기에 속한다. 인간과 인공지능, 인공지능과 기계, 인간과 인간 등 다양한 조합으로 팀을 구성해 도전하고 즐기고 의미를 찾는 영역도 마찬가지다. 가령 한국의 일부 식당에서는 로봇이 서빙하고, 일본의 스시집 쿠라스시에서는 로봇이

초밥을 만든다. 이를 일자리 강탈이라 생각할 수도 있지만 인간과 인공지능 로봇의 공존과 협력으로 볼 수도 있다.

　인공지능은 문제를 해결하는 데 탁월하다. 반면 인간은 문제를 발견하고(공감 능력 필요) 문제를 정의하는 데(비판적 사고 필요) 뛰어나다. 인간은 인공지능 기계를 훈련하고 인공지능은 인간이 발견하고 창조한 문제해결 방법을 실행한다. 인공지능은 가장 효과적인 해결법을 빠르게 찾는 데 탁월하며, 인간은 느리지만 새로운 해결법에 도전해 모험하면서 창조한다(창의성 필요).

　둘째, 직장에서 사용하는 각종 인공지능과 로봇을 관리·유지하는 데 필요한 노동과 지식을 공급한다.

셋째, 인공지능을 활용해 새로운 인공지능을 만든다. 인공지능을 소비자의 욕구나 특수한 목적에 맞게 훈련하는 일을 할 수도 있다.

넷째, 인공지능이나 로봇이 일할 수 없는 곳에서 일한다. 이는 인간과 기계 사이를 파고드는 영역이다. 간격은 필요를 낳는다. 인공지능과 첨단 기술의 완벽함을 불편하게 여기는 상황, 인간과 자연 그 자체가 주는 감동이 필요한 영역, 도전과 모험을 원하는 영역 등이 여기에 속한다. 특정 기술 시행은 인공지능이 맡고 사람은 새로운 도전과 모험, 창조를 맡는 것도 가능하다. 현 세계를 관리하고 복제하는 일은 인공지능 로봇이 잘한다. 인간은 인공지능 로봇을 활용해 새로운 것을 창조하고making something new 성찰적 생각과 창의력으로 미래를 발명하는 일을 맡으면 된다.

다섯째, 인간이 단순 기계의 일을 빼앗을 수도 있다. 4차 산업혁명기에 인공지능은 인간의 두뇌 능력을 확장하고 로봇은 인간의 근력을 강화할 것이다. 지금은 오랜 기간 기술을 훈련해야 숙련 근로자가 되지만 미래에는 달라진다. 인공지능 IoT 로봇, 5~6G 등의 기술 덕분에 이러한 장벽이 무너지고 평범한 노동자도 가장 숙련된 전문가처럼 일할 수 있다. 4차 산업혁명기에는 인공지능, 입는 로봇 등의 도움을 받은 노인이 지금 단순 기계(지게차 등)가 하는 일을 빼앗는 기적도 일어난다.

　마지막으로 인공지능의 지시와 관리 아래서 하는 일이다. 이런 일을 받아들이려면 인공지능과 인공지능 로봇 밑에서 일하는 것은 자존심 상한다는 선입견에서 벗어나야 한다. 오히려 이 방식을 더 편하게 받아들이는 사람도 있을 것이다. 바로 사람과 함께 일하는 환경에서 불편함이나 고통을 느끼는 사람들이다.

3.
미래의
일터 모습

4차 산업혁명기에 인공지능 혹은 인공지능 로봇(기계)은 당신의 일터와 회사에 생산성, 정확성, 지능 향상성을 안겨준다. 이 경우 제품과 서비스 성능이 좋아지고 생산량이 증가해 가격 하락이 일어난다. 더 좋은 제품과 서비스를 더 낮은 가격에 판매하면 시장이 확대된다. 시장이 확대되면 회사 매출이 늘어나 회사 내에 신규 고용을 늘리거나 기존 고용을 잘 유지한다.

특히 인공지능의 지능 향상성은 새로운 제품과 서비스를 창조하는 속도를 높인다. 하지만 이런 변화는 그리 놀라운 것이 아니다. 나는 4차 산업혁명기에 우리가 만날 직장(일터)의 최고 변화는 가상세계에서 일어날 거라고 본다. 이른바

'가상일터cyber working place'의 천지개벽이다.

코로나-19 기간에 비대면 회의, 메타버스 일터 같은 용어가 대유행했다. 세계적인 미래학자 앨빈 토플러는 《미래 쇼크》에서 '모의 환경simulated environment'이 현실이라는 경계를 깨고 나와 우리 삶과 완벽하게 융합하는 시대로 간다고 했는데 이것이 상상이 아니라는 게 증명된 셈이다.[4] 놀라지 마시라. 이것은 시작에 불과하다. 4차 산업혁명기가 정점에 이르면 가상일터 범위가 전방위로 확산하고 그 모습과 기술도 놀랍게 변화한다.

5차 산업혁명기에 들어서면 미래 직장인은 주로 현실일터가 아닌 가상일터에서 일한다. 내가 예측하는 가상일터 모습은 2가지다. 하나는 순수하게 4차원 가상세계에서만 일하는 모습이다. 다른 하나는 현실세계·혼합세계·초월세계를 하나로 연결한 거대하고 완전한 플랫폼, 즉 궁극의 플랫폼에서 일하는 것이다.

전자는 순수하게 초월세계에서만 일한다. 초월세계는 현실에 존재하지 않는 상상의 가상세계를 무한히 만들어내는 공간이다. 그렇기에 업무 환경도 초월적 모습이다. 현실에 없어도 가상의 형상과 촉감까지 느끼게 해주는 신기술 덕택에 인간은 초월적 모습을 현실처럼 인식한다.

후자는 현실세계에서 일하지만 혼합세계와 초월세계를 동시에 열어놓고 일하는 방식이다. 업무 환경은 현재의 현실세계와 비슷하다. 그렇지만 홀로그램, 증강현실, 가상현실, 혼합현실, 확장현실, 로봇이나 가상인간을 이용한 텔레프레즌스, 투명 디스플레이를 부착한 건물, 개인용 자율주행 수송장치, 디지털 트윈 등의 기술을 접목한 현실세계다. 현실 공간에서 업무를 수행하긴 해도 가상과 현실의 경계가 깨져 현실과 메타버스를 옆 사무실을 드나들듯 오간다. 언어의 경계도 깨져 지구 반대편에 있는 외국인과 일하며 자연스럽게 대화한다. 가상에서는 인공지능 아바타가, 현실에서는 인공지능 로봇이 인간과 동시에 협업한다.

2019년 초당 1GB 데이터를 주고받는 5G 통신 시스템 (고화질 영화 한 편을 2~3초에 다운로드함) 시대가 열렸다. 5G 기술은 가상현실이나 증강현실 콘텐츠를 완벽하게 구현할 수 있다. 물론 이는 이론적 속도일 뿐 실제는 다르다. 사용자가 일순간에 몰리면 속도가 현저히 떨어진다. 이러한 통신 환경에서는 가상일터 구현에 한계가 많다.

나는 수많은 사용자가 일시에 몰리고 3~4차원 디지털

정보를 대량으로 전송해도 끊김 없이 자연스럽게 '실시간 통신'과 '완벽한 가상세계'를 구현하는 일은 6~7G 상용화 시대에나 가능하리라고 본다. 6세대 통신은 수중과 지상 통신에서 음영지역 없이 이용이 가능할 정도로 전파 송출 범위가 넓어진다. 5G보다 실제 전송속도가 10배 이상 빠른 6G는 2030~2040년 상용화할 전망이다. 7G는 사람이 존재하는 모든 공간의 네트워크화를 넘어 근거리 우주까지 하나의 통신 시스템으로 연결한다. 5G보다 실제 전송속도가 100배 빠른 7G 시대에는 '초연결 지구' 시대가 가능해진다.

이 시점이면 개인이 보유한 스마트폰과 컴퓨터의 연산속도가 지금보다 1,000배 이상 빨라진다. 사무실, 집, 자동차 안에 있는 모니터에 펼쳐지는 가상현실의 해상도도 인간이 눈으로 보는 실제 세상과 같아진다. 만약 컴퓨터 게임을 하면 모니터상의 사람과 물체를 인간의 눈앞에 있는 사람이나 물체와 구별하기 힘들어진다.

3차원 가상 기술은 원하는 시간에 지구 어디에나 원격현전이 가능하게 해준다.[5] 이러한 기술이 대중화하고 홀로그램, 휴먼 인더페이스, 입는 컴퓨터, 3D 그래픽과 디스플레이 기술, VR을 온몸으로 경험하게 해주는 전신 슈트가 서로

시너지를 내면 가상교육·가상훈련·가상회의·가상공장·가상섹스 등 다양한 영역에서 사람들을 놀라게 할 것이다.

4.
새로운 형태의
노동자

가상일터가 노동 방식의 주류로 부상하면 새로운 형태의 노동자가 주류 세력으로 등장한다. 이른바 '가상노동자'다. 1984년 미국 SF 작가 윌리엄 깁슨은 소설 《뉴로맨서Neuromancer》에서 '가상공간'이란 말을 처음 사용했다.[6] 가상공간이란 사람들이 사는 비트bit로 이뤄진 생활 공간, 경제 공간, 존재 가치를 논하는 형이상학적 공간을 말한다. '가상일터' 하면 사람들은 대개 인터넷 쇼핑몰이나 게임 환경 정도를 떠올린다. 3~4차원 가상일터 역시 인터넷 쇼핑몰이나 게임 환경의 3~4차원 버전을 생각한다. 그렇지 않다. 가상공간도 '공간'이기에 놀이부터 노동까지 인간의 모든 활동이 가능하다. 가상공간에서 노동하는 사람이 바로 가상노동자다. 가상노동자는 가상인간(아바타)의 모습을 하고 있지만 현실세계에 있는 실제 인간과 연결되어 있다.

지금의 인터넷에 혁신 기술을 '3~4D → Holography → VR → Haptic → 6~7G → Ubiquitous → AI 로봇' 순으로 접목해 지능적 3~4차원 가상세계를 완성하면 인류 역사상 수천 년에 한 번쯤 가능한 공간 대변혁이 일어난다. 공간 대변혁은 일터를 비롯해 개인의 사생활 환경까지 송두리째 바꿀 것이다. 현실보다 더 현실 같은 지능적 3~4차원 가상세계를 완성하면 가상이 현실을 지배하는 시대가 열린다. 가상세계 활동이 현실세계 활동을 능가한다는 말이다.

소설가이자 게임 시나리오 작가인 이인화 교수(이화여대 디지털미디어학부)는 "곧 월드 와이드 웹www은 가고 월드 와이드 시뮬레이션wws 시대가 온다"라는 말로 가상세계의 위력을 전망했다. 그의 전망을 더 들어보자.

"가상세계는 단순한 콘텐츠가 아니라 게임, SNS, 커뮤니티 서비스, 전자상거래 등 기존 비즈니스 영역을 통합하며 수많은 사람을 한데 모을 수 있는 집중력 있는 플랫폼이다. 언제 어디서나 컴퓨터에 접속이 가능한 유비쿼터스 환경에서 사람들은 현실보다 가상세계에 더 빠져들게 된다. 실제로 문자나 정지화상 위주의 2D 웹이 실제 같은 공간감을 주는 3D 웹으로 빠르게 바뀌면서 사람들이 더욱더 가상세계에 몰입하게 만들고 있다."

디지털 세계의 특징은 무한 복제다. 수백 개에서 수천 개의 가상공간이 만들어지면 가상인간 총인구도 폭발적으로 늘어난다. 이론상 나라마다 최대 80억(현재의 세계인구)의 가상국민이 있는 수백 개 가상국가가 동시에 존재하는 거대한 가상지구, 가상세계가 탄생할 수 있다. 그 모든 곳에는 가상시장cyber market과 가상일터가 있다. 각 나라를 넘나들때는 가상여권을 소지해야 한다. 어떤 나라는 질 낮은 유저를 골라내 가상비자 발급을 제한할지도 모른다.

현실세계에 존재하는 연구소와 사무실 빌딩을 비롯해 휴식, 커뮤니티, 홍보, 미팅, 엔터테인먼트 공간은 모두 가상세계로 옮겨가거나 복제가 이뤄진다. 가상노동자는 이러한 가상공간에서 현실에서 꿈꿔온 자신의 이상과 능력을 발휘해 가상제품, 가상건축, 가상도시, 가상돈, 가상정치, 가상문화 등을 창조하며 가상 경제활동을 펼친다. 수많은 가상기업, 일자리, 신규 직업도 만들어진다.

3~4차원 지능적 가상세계에서는 다양한 제품 개발과 서

비스 테스트도 할 수 있다. 주택·건축·디자인 테스트와 여행 정보, 도시설계 영역은 3~4차원 가상공간 시뮬레이션의 파괴력이 상당할 것이다. 자신의 가상인간(아바타) 혹은 인공지능을 탑재한 가상노동자로 고객과 직접 소통하거나 조직 내 커뮤니케이션을 극대화할 수도 있다. 사이버 비즈니스의 한계는 넘어선다. 현실에는 존재하지 않고 가상세계에서만 활동하는 기업이 나올 수도 있다.

근로 형태도 다양해진다. 현실에서는 커피숍 종업원이지만 가상세계에서는 번듯한 회사 사장일 수도 있다. 현실세계 일은 부업이고 가상세계에 본업이 있는 이들도 상당수 생겨날 것이다. 현실에서는 교사지만 가상세계에서는 부동산 개발자일 수도 있다. 자신이 선택한 '가상지구 101'에서 가상의 땅을 사고, 가상의 풀을 기르고, 강·산·숲을 가꾸고, 도로와 전기 같은 인프라를 건설하고, 주택과 빌딩을 지어 가상커뮤니티를 만들 수도 있다.

현실세계와 가상세계 곳곳에 '부동산 매매' 광고를 내거나, 옥션에서 자신이 만든 사이버 부동산을 판매하거나, 다른 가상상인에게 가상건물을 임대해 부자가 될 수도 있다. 3~4차원 지능형 가상공간에서는 과거와 다가올 미래를 함께 제공할 수 있다. 과거를 이용해 돈을 벌 수도 있고 미래로 돈을 벌 수도 있다.

개인이든 기업이든 자신의 업무나 비즈니스에 가상기업의 특성을 활용하면 저렴한 비용으로 큰 수익을 낼 수 있다. 가상세계에서는 현실세계에서 사무실 하나를 임대하는 데 지출하는 비용으로 몇십 배의 공간을 구축할 수 있다. 또한 저렴한 비용으로 신속하게 국제 지식을 활용하면서 큰 수익을 내고, 현실기업보다 몇 배 빠른 속도로 전 세계를 대상으로 비즈니스 활동을 할 수 있다. 수만 개의 새로운 직업, 새로운 산업, 새로운 기업을 바탕으로 현실의 일터보다 더 많은 돈을 벌 수도 있다.

가상일터에서는 누군가가 나를 알아보고 접속한다. 내가 만나길 원하는 사람이 스스로 내게 접속하는 것이다. 인공지능 덕분에 그런 미래가 가능하다. 내가 잠을 자거나 잠시 자리를 비워도 내 모습과 같은 인공지능 아바타가 내 업무 지시에 따라 전 세계를 대상으로 마케팅하거나 제품을 판매하는 등 실시간으로 움직이며 일한다.

가상일터는 상상과 스릴이 가득한 곳이다. 생각만으로, 클릭 한 번만으로, 키보드 자판을 몇 개 두드리는 것만으로 원하는 모든 곳으로 '즉시 이동'이 가능하다. 오전 업무가 끝나고 점심시간에 미지의 가상세계를 탐험 혹은 여행하는 즐거움을 만끽할 수도 있다. 춤을 추고 싶으면 나이트클럽으로 가고, 기도하고 싶으면 어디서든 종교시설에 접속할 수 있다. 유명 대학이나 국제 도서관에 가서 자기계발도 할 수 있다. 무인도, 우주정거장, 서부 개척 시대 등 상상할 수 있는 모든 세계를 현실보다 더 현실처럼 경험할 수도 있다.

나는 4차 산업혁명기가 정점에 도달하는 시점이자 5차 산업혁명기를 시작하는 시점에 이르면 이런 환경이 가능해질 것으로 예측한다.

5.
새로운 시대에 필요한
인재 조건

4~5차 산업혁명기에 필요한 인재의 조건은 무엇일까? 이 질문의 대답은 2가지만 알면 의외로 쉽게 얻을 수 있다. 하나는 인공지능과 인공지능 로봇이 할 수 있는 일이다. 다른 하나는 4차 산업혁명기의 게임 체인저 인공지능과 인공지능 로봇, 5차 산업혁명기의 게임 체인저 바이오와 나노 기술이 인간의 능력을 어느 정도 강화할 것인가 하는 점이다. 지금까지 이 책을 읽은 독자라면 아마도 이 2가지 기본 지식을 습득했을 것이다. 그럼 미래에 필요한 인재의 조건 예측으로 바로 넘어가자.

4차 산업혁명기에 인간에게 필요한 최고 능력은 무엇일까? 나는 이 질문에 주저 없이 대답한다. 바로 '통찰력'이다.

인간이 발견한 모든 지식과 정보는 인공지능이 다 알고 있다. 미래 인간은 인공지능이 알려주는 지식과 정보를 토대로 경제, 사회, 산업, 기술, 정치 같은 환경 영역에서 회사에 도움을 줄 새로운 통찰력이 무엇인지 질문을 받는다. 다시 말해 인공지능이 알려주는 눈에 보이는 정보나 지식의 이면에 있는 진짜, 실체, 핵심, 주요 흐름 등을 간파해야 한다.

모든 인간에게는 통찰력이 있다. 이는 뇌의 기본 작용이다. 하지만 통찰력은 훈련 수준에 따라 차이가 난다. 미래에는 통찰력 수준에 따라 급여, 권력, 지위, 영향력이 달라진다. 참고로 상상으로 새로운 가능성을 확장하는 것도 통찰력의 뒷받침이 필요하다.

통찰력 발휘는 '문해력'을 전제로 한다. 문해력은 좁은 의미에서 문자를 읽고 쓸 수 있는 능력을 가리킨다. 넓은 의미에서는 '데이터 리터러시Data Literacy'까지 포함한다. 유네스코는 문해를 "다양한 내용의 글과 출판물을 사용해 정의, 이해, 해석, 창작, 의사소통, 계산 등을 할 수 있는 능력"이라 정의한다.[7]

게임 체인저인 4차 산업혁명기에 문해력은 인공지능이 답한 다양한 내용에 관해 정의, 이해, 해석, 창작, 의사소통,

계산 등을 할 수 있는 능력이라고 조정할 수 있다. 문해력과 통찰력을 합하면 인공지능이 찾아준 데이터를 정확히 읽고 (팩트 분별력), 데이터를 세분화해서 체계적으로 축적하고, 숫자나 문자의 단순 배열과 축적인 데이터에서 의미 있는 관계와 패턴을 파악하고, 데이터를 시의적절하게 분석하고, 비즈니스와 사회 발전에 필요한 숨은 가치나 인사이트를 발견 혹은 창조하고, 현재 이슈나 문제를 해결할 미래 방향성과 전략을 찾아내는 역량을 갖출 수 있다.

문해력이 통찰력의 전제 능력이라면 자기 성찰 능력은 통찰력을 완성하는 요소다. 자기 성찰은 다른 생물과 비교되는 인간의 최고 장점이다. 이것 역시 인공지능이 당분간 얻지 못할 능력이다. 인간은 옳은 선택을 위해 치열하게 고민하고, 정당성을 확인하고, 의식적 고통을 느끼고, 자기반성을 한다. 이 과정에서 지혜를 탐구하는 철학적 사고가 이뤄진다.

인공지능이 빠른 계산 능력, 기억력, 외국어 능력을 대신해주는 4차 산업혁명기에 주목받는 인간의 또 다른 능력은 '문화와 알고리즘 이해력'이다. 4~5차 산업혁명기에는 지구촌이 지금보나 더 좁아진다. 아예 '세계화'라는 말 자체가 무의미해진다. 시간과 공간의 경계, 언어의 경계가 완전히 사라지면서 모두가 이웃이 되기 때문이다.

클릭 몇 번으로 지구상의 모든 사람을 만날 수 있다. 80억 인구가 이웃 사회로 편입되면 '소통 능력'은 더욱 중요해진다. 지금까지 외국인과의 소통 능력에서 외국어는 필수였다. 인공지능이 동시통역하는 미래에는 그들이 사는 문화를 이해하는 것이 소통 능력의 핵심이다. 나는 이것을 '문화 이해력'이라 부른다.

4~5차 산업혁명기에는 기계와 만나고 일하는 기회가 늘어난다. 기계와 일하려면 '기계어'를 배워야 한다. 기계어를 배운다는 것은 크게 3가지를 의미한다.

첫째, 인간이 컴퓨터 프로그래밍 언어를 배운다. 이를 코딩이라고도 한다. 컴퓨터가 이해하는 언어로 명령문(컴퓨터에 업무 지시)을 만드는 일이다. 물론 챗GPT처럼 초거대 인공지능이 발전하면 원하는 코드도 인공지능이 다 짜준다. 지금처럼 인간이 코드를 하나하나 짜는 훈련을 받을 필요가 없다. 모든 학생이 필수과목인 영어를 배우지만 실제로 직장이나 일터에서 영어를 반드시 사용해야 하는 사람은 1%도 안 된다. 코딩도 마찬가지다.

둘째, 앞으로 코딩 교육에서 중요한 것은 명령어 암기가 아니라 '알고리즘 구상력'이다. 미국 MIT가 개발한 인공지능 윤리 교재는 교육의 초점을 미래 인공지능 세대가 알고리즘 환경에서 살아가는 데 필요한 인공지능과 컴퓨터 알고리즘의 작동 원리나 구조, 설계 구조, 영향력, 인공지능의 가치를 이해하는 데 두고 있다. 알고리즘은 특정 문제를 푸는 데 정형화한 처리 절차다.

셋째, 인공지능 시대에 인간은 특정 문제를 푸는 데 필요한 정형화한 논리적 절차만 구상한다. 그 구상을 인공지능에게 하나씩 설명하면 인공지능은 원하는 프로그램어로 코드를 만든다. 결국 앞으로 코딩 수업은 문제 발견 능력, 그 문제를 해결하는 과정을 구상하는 능력, 문제해결에 필요한 기능을 상상하는 능력, 상상한 기능을 사용자가 편리하게 느끼도록 배치하는 디자인 능력, 배치한 기능이 간결하고 정확하고 빠르고 효과적으로 작동하도록 연산 수식과 논리 수식을 짜는 논리·수학적 처리 능력(논리·수학적 사고)을 훈련하는 방향으로 가야 한다. 나아가 그렇게 구상한 정형화한 처리 절차를 인공지능에게 잘 설명하는 방법을 배우는 쪽으로 바뀌어야 한다. 4차 산업혁명기에는 단순히 프로그램 언어만 잘 다루는 수준은 거의 쓸모가 없어진다.

6.
인성 좋은 인재가
필요하다

내가 예측하는 4~5차 산업혁명기의 마지막 인재 조건은 '좋은 인성'이다. 인간의 능력을 인공지능, 로봇, 바이오, 나노 기술 등으로 아무리 증강해도 변하지 않는 인재 조건은 좋은 인성이다. 미래학자 존 나이스비트는 "하이테크, 하이터치" 사회를 전망했다. 기술이 고도로 발전할수록 인간은 깊은 어루만짐을 원하는 사회로 간다는 예측이다.

정보사회에서는 정보와 네트워크를 활용하면 부자가 될 수 있다. 하지만 정보와 네트워크로 인해 망할 수도 있다. 다른 사람이 내가 가진 정보와 지식보다 더 나은 정보와 지식을 생산하거나 내가 만든 정보와 지식을 누군가가 빼돌려 다른 사람에게 팔아버리면 끝장이다. 네트워크에 참여하는 것은 쉽지만 반대로 네트워크에서 찍히면 무너지는 것도 한순간이다. 나를 배신하는 일도 내 네트워크 안에서 일어난다.

기술사회에서는 기술을 활용하면 성공할 수 있다. 그렇지만 그 기술을 도난당하면 위험에 빠진다. 4차 산업혁명기에는 그 위험성이 더 커지는 동시에 누구에게나 언제든 위험이 존재한다.

5차 산업혁명기는 기술로 인간의 뇌와 신체를 직접 제어하는 시대다. 그만큼 생체 정보 불안이 높아진다. 이러한 위험은 기술로 막을 수 없다. 방어 기술을 뚫는 해킹 기술이 곧바로 등장하기 때문이다. "열 사람이 지켜도 한 도둑을 못 막는다"라는 속담이 있다. 작정하고 훔치거나 파괴하려 들면 막을 길이 없다. 그런 배신과 범죄를 막는 장치를 마련하지 않으면 개인, 기업, 국가가 무너져 가난의 늪에 빠질 수 있다.

유일한 해법은 인성이 좋고 신뢰할 만한 사람과 일하고 거래하고 네트워크를 만드는 것이다.

앞으로 국가와 기업은 인성 좋은 사람에게 큰 점수를 줄 가능성이 크다. 좋은 태도, 시간과 업무 약속을 잘 지키는 신뢰성은 좋은 인성에서 나오고 이는 원활한 협업을 위한 기본 능력이다. 나는 이런 변화를 기업이 누구보다 빨리 알 아차릴 것이라고 예상한다.

1장 미래 혁명은 진행 중

1   제러미 리프킨 지음, 안진환 옮김, 《한계비용 제로 사회》, pp.71~72, 민음사, 2014.

2   제러미 리프킨 지음, 안진환 옮김, 《3차 산업혁명》, p.10, 민음사, 2012.

3   제러미 리프킨 지음, 안진환 옮김, 《3차 산업혁명》, p.15, 26, 28, 32, 57, 59, 79, 민음사, 2012.

4   제러미 리프킨 지음, 안진환 옮김, 《3차 산업혁명》, p.170, pp.173~174, 민음사, 2012.

5   제러미 리프킨 지음, 안진환 옮김, 《3차 산업혁명》, p.315, 민음사, 2012.

6   제러미 리프킨 지음, 이희재 옮김, 《소유의 종말》, pp.28~29, p.48, 민음사, 2001.

7   제러미 리프킨 지음, 안진환 옮김, 《한계비용 제로 사회》, p.11, p.14, pp.115~119, 민음사, 2014.

8   제러미 리프킨 지음, 안진환 옮김, 《한계비용 제로 사회》, p.12, 민음사, 2014.

9 〈네이버 지식백과〉−4차 산업혁명(시사상식사전, 박문각), 〈네이버 지식백과〉−4차 산업혁
  명(한경 경제용어사전)

2장 인공지능 발전은 끝이 없다

1 〈네이버 지식백과〉−빅데이터 정의(정용찬 지음, 《빅데이터》, 커뮤니케이션북스, 2013.)

2 김형자, '매일 20조 비트 … 코로나19가 앞당긴 정보 재앙 큰 일', 〈주간조선〉, 2020. 8.
  27.

3 레이 커즈와일 지음, 김명남·장시형 옮김, 《특이점이 온다》, p.169, 김영사, 2007.

4 강시철 지음, 《인공지능 네트워크와 슈퍼 비즈니스》, p.40, 리더스북, 2016.

5 김태주·임여익, '챗GPT에 과제 맡겼더니 A … 개학 앞둔 대학 비상', 〈조선일보〉, 2023.
  2. 10.

6 김현수, '美 MoMA, 200년 데이터 학습한 AI 예술 작품성 인정', 〈동아일보〉, 2023. 01.
  28.; 오현우, 'AI 하나가 1만 명 대체한다. 세계 최고 MBA 시험 통과한 인공지능', 〈한국경
  제〉, 2023. 01. 25.

7 김미희·김준혁, '챗GPT, 더 무서운 놈이 온다. 화이트컬러 빅뱅', 〈파이낸셜뉴스〉, 2023.
  01. 31.

8 이승종, '챗GPT 잡아라. 불붙은 빅테크 무한경쟁', KBS, 2023. 02. 08.

9 이승종, '10년 만에 인간과 나란히 선 기계', KBS, 2023. 02. 04.

10 박수련·박유미, '컴퓨터가 스스로 문제해결 … 머신러닝, 5년 내 세상 바꿔', 〈LA중앙일
   보〉, 2015. 10. 30.

3장 모든 것이 연결된 시대가 온다

1   〈네이버 지식백과〉-사물인터넷이란?(국립중앙과학관-사물인터넷)

2   김종일, '글로벌 투자 대가: 레이 달리오 브리지워터 어소시에이츠 CEO', 〈조선일보〉, 2017. 11. 25.

3   최용석, '인텔, 일반 안경처럼 생긴 스마트안경 반트 공개', 〈IT조선〉, 2018. 02. 06.

4   제프리 웨스트 지음, 이한음 옮김, 《스케일》, 김영사, 2018.

4장 블록체인 시대는 오래간다

1   〈네이버 지식백과〉-블록체인(시사상식사전, pmg 지식엔진연구소)

2   〈네이버 지식백과〉-블록체인(시사상식사전, pmg 지식엔진연구소)

3   황정빈, '탈레스, 양자컴퓨터 시대엔 암호화 민첩성이 중요', 〈ZDNET Korea〉, 2023. 02. 10.

4   https://aws.amazon.com/ko/what-is/blockchain/

5   김윤희, '미술·티켓 다음 NFT 흥행지? 부동산·탄소배출권', 〈ZDNET Korea〉, 2023. 01. 23.

6   정효림, '디지털지갑 밖으로 나온 NFT … 소장 너머 전시에 주목', 〈한국경제〉, 2023. 01. 20.

7   〈네이버 지식백과〉-RSA 알고리즘

8   나무위키-사토시 나카모토

9   나무위키–라이트코인

10 황장석, '당신이 보유한 코인 생사여탈권, 美 손에 달려 있다', 〈신동아〉, 2023. 02. 02.

11 나무위키–대체통용화폐

5장 놀라운 미래는 5차 산업혁명기부터

1   박선미·최대열·김유리, '재계 600조 투자 보따리 … 바이오·친환경·신소재 미래 먹거리 보인다', 〈아시아경제〉, 2022. 05. 25.

2   김지현, '공기처럼 존재하는 앰비언트 컴퓨팅 시대 눈앞', 〈주간동아〉, 2023. 02. 02.

3   최지현, '운동 잘하게 만드는 장내미생물이 있다?', 〈코메디닷컴〉, 2023. 02. 03.

4   김윤종, '슈퍼솔저 개발 경쟁 현실화? … 美, 中 군인에 인체실험 의혹 제기', 〈동아일보〉, 2020. 12. 10.

5   이철민, '육·해·공으로 AI가 쳐들어온다. 인간 잡으러…', 〈위클리비즈〉, 2020. 03. 20.

6   이정호, '1초에 20㎝ 질주, 무서운 속도에 질긴 생존력 … 바퀴벌레 꼭 닮은 소형로봇 개발', 〈경향신문〉, 2021. 07. 11.

7   이철민, '육·해·공으로 AI가 쳐들어온다. 인간 잡으러…', 〈위클리비즈〉, 2020. 03. 20.

8   김준래, '미래 전장의 핵심은 AI 기반 드론봇', 〈사이언스타임즈〉, 2019. 12. 24.

9   곽노필, '머스크, 뇌에 뉴럴링크 칩 심은 돼지 공개', 〈한겨레〉, 2020. 08. 29.

10 이현경, '미래학자 레이 커즈와일, 2030년 사람 뇌와 AI 잇는 인터페이스 나온다', 〈동아

사이언스〉, 2020. 09. 18.

11 차원용 지음, 《미래기술경영 대예측》, p.556, 굿모닝미디어, 2006.

12 미치오 카쿠 지음, 박병철 옮김, 《미래의 물리학》, p.299, 김영사, 2012.

13 이혜림, '줄기세포 싣고 몸속 손상 부위 찾아가는 마이크로로봇', 〈동아사이언스〉, 2017. 10. 30.

14 에릭 드렉슬러 지음, 조현욱 옮김, 《창조의 엔진: 나노기술의 미래》 p.47, 김영사, 2011.

15 임소형, '인공 DNA 세포 내 복제 첫 성공 … 새 생명체 탄생 길 열리나', 〈한국일보〉, 2014. 05. 08.

16 〈네이버 지식백과〉−조선시대에 왕들의 평균 수명은 몇 살일까?

17 https://namu.wiki/w/국가별%20평균%20수명%20순위

18 피터 W. 허버(Peter W. Huber), '의학의 미래를 진단한다' http://worldff.pofler.com/ wff/07_spnotice/07.php?mode=list&number=1488&page=1&chj=2&hj=&b_ name=looking_world

19 문병도, '유전자 가위 … 축복인가, 재앙인가', 〈서울경제〉, 2016. 04. 25.

20 '암 진단·치료하는 박테리아 나노 로봇 세계 최초 개발', 〈연합뉴스〉(원문, 〈사이언스타임 즈〉), 2013. 12. 17.

21 노진섭, '150세 가능 vs. 130살이 한계', 〈시사저널〉, 2019. 01. 28.

22 NHK, '인간게놈 4부: 생명시계의 비밀', KBS 1999년 방송; 김병희, '면역세포 조정해 뇌 노화 되돌린다', 〈사이언스타임즈〉, 2021. 01. 22.; 이성규, '금세기에 세계 최장수 기록 경신된다', 〈사이언스타임즈〉, 2021. 07. 06.

23 〈네이버 지식백과〉−외골격 로봇(시사상식사전, pmg 지식엔진연구소)

24   YouTube Originals, The Age of A.I. S1, E1

6장 일, 직장, 인재의 변화

1   로드니 A. 브룩스 지음, 박우석 옮김, 《로봇 만들기》, p.33, 바다출판사, 2005.

2   기축은 틀이나 기계를 뜻하는 기機, 회전의 중심인 차축 축軸을 의미한다. 배일한 지음,
     《인터넷 다음은 로봇이다》, p.25, 36, 동아시아, 2003.

3   장길수, '일본 믹시, 자율형 대화 로봇 로미 판매', 〈로봇신문〉, 2020. 06. 11.

4   앨빈 토플러 지음, 이규행 옮김, 《미래 쇼크》, p.226, 〈한국경제신문사〉, 1989.

5   마이클 하임 지음, 여명숙 옮김, 《가상현실의 철학적 의미》, pp.179~206, 책세상, 1997.

6   김영한 지음, 《사이버 트렌드》, p.12, 고려원미디어, 1996.

7   〈네이버 지식백과〉—문해, 문해력